Thorsten Kunde

Botschaft für Charline

Über Freundschaft, Liebe
und den Sinn des Lebens

© 2020 Thorsten Kunde · 22115 Hamburg

Herstellung und Verlag
BoD - Books on Demand, Norderstedt

ISBN 978-3-7534-0616-9

Inhalt

Vorwort

Urbanisierung, Globalisierung und ein rasanter technischer Fortschritt veränderten das Leben der Menschen in den zurückliegenden einhundertfünfzig Jahren. Maschinen übernahmen die körperlich anstrengenden Arbeiten, sie revolutionierten die Fortbewegung und die Kommunikation. Die Erleichterung des täglichen Lebens war nur die eine Seite der Entwicklung, gleichzeitig wurde die Welt immer unübersichtlicher und komplizierter. Wir leben in einer Epoche, die beherrscht wird vom ökonomischen Prinzip mit all seinen positiven und negativen Auswirkungen, zu denen das Anwachsen von Wohlstand und Freiheit gehört, aber auch die gnadenlose und ins Extreme tendierende Verwertung von Zeit, Kraft und Ressourcen, von Menschen und Material. Das führte zur Auflösung und zum Verlust aller Bindungen. Der Ökonomie ist nichts heilig, weder die Familie, noch die Traditionen, der Glaube oder die Natur. Am Ende stehen die Menschen als einzelne, freie, aber verlassene und orientierungslose Individuen da in einer kalten Welt, in der jeder in unerbittlicher Konkurrenz gegen jeden und jeder nur für sich selbst kämpft.

Wer vermag unter diesen Umständen heute noch zu sagen, was gut und richtig ist? Viele Eltern neigen dazu, ihre Kinder so zu trimmen, dass diese das Vorteilhafte und Nützliche zur Richtschnur ihres Handelns und Strebens machen. Andere Eltern, die ihre Kinder anhand von bestimmten Werten zu erziehen versuchen, müssen feststellen, dass mächtige, äußere Einflüsse, die von der real existierenden Gesellschaft ausgehen, auf die Entwicklung ihrer Kinder einwirken. Kinder saugen alles, was ihnen angeboten wird, in sich auf wie ein Schwamm. Gleichzeitig besitzen sie ein feines Gespür für die Mächtigkeit der einzelnen Faktoren. Verunsicherte Eltern, die mit strikten Verboten reagieren, und dann doch wieder machtlos alles laufen lassen, verlieren ihre Autorität. Diese ist ohnehin durch Scheidungen, beruflich bedingte Abwesenheit, aber vor allem durch Unsicherheit und Überforderung arg im Schwinden begriffen.

Das biologische Programm der Persönlichkeitsentwicklung läuft heute noch so ab wie vor zweitausend Jahren. In der Kindheit, die ungefähr bis zum 12. Lebensjahr dauert, steht das Lernen im Vordergrund: Sehen, Hören, Differenzieren, Gehen, Sprechen, Lesen, Rechnen, Schreiben sind nur einige Teile aus dem umfangreichen Erwerb von Wissen und Können, mit denen Kinder sich Fähigkeiten und die Welt aneignen. In dieser ersten, der affirmativen Phase, fehlt ihnen die kritische Distanz zu allen Sozialisationsinstanzen. Mit dem Erwachen des Selbstbewusstseins beginnt dann die Phase der Revolution in den Jahren der Jugend zwischen 13 und 18. Plötzlich wird alles in Frage gestellt. Das Gehirn befindet sich in einem Prozess der Neuordnung und Umstrukturierung. Alles geht ins Extreme. Die Gefühle spielen verrückt, schwanken zwischen unerbittlichem Hass und grenzenloser Liebe. Jugendliche tendieren dazu, mit der Kraft, die sie plötzlich in sich spüren, die Grenzen ihrer Möglichkeiten auszutesten. Daher reagieren sie allergisch auf alle Vorschriften und Regeln, die ihnen Eltern und Lehrer vorzugeben für notwendig halten. Sie schlüpfen in verschiedene Rollen und probieren aus, was zu ihnen passt. Ausgestattet mit wenig Lebenserfahrung steht Unsicherheit im Hintergrund ihrer Suche nach ihrem Selbst. Sie vergleichen sich mit anderen, die sie in erster Linie als Konkurrenten betrachten. Der Vergleich löst manchmal Verzweiflung aus, manchmal Aggressivität. Ein schwach ausgebildetes Selbstvertrauen erträgt weder den Blick in den Spiegel noch den Anblick beliebter und strahlender Altersgenossen. Die Formen des Konkurrenzkampfes reichen von der Ächtung der „Streber" über verbale Kritik bis zu körperlicher Gewalt. Mobbing - der Versuch, das eigene Selbstwertgefühl durch Herabsetzung und Ausgrenzung von Schwächeren zu steigern - ist das moderne Wort für diese hässliche Begleiterscheinung der Jugendzeit. Grenzenlos bewundert und abgöttisch geliebt werden in diesen Jahren nur die fernen Stars, die unangreifbar über allen stehen und die es geschafft haben, das zu sein, was sich jeder Jugendliche in diesem Alter wünscht, nämlich eine anerkannte, erfolgreiche und geliebte Persönlichkeit.

Die dritte Phase nach dem Ende der Schulzeit ist nicht weniger schwierig. Während der Jugendzeit ist alles unbestimmt, die Zukunft, die offen vor einem liegt, erscheint als Reich der grenzenlosen Möglichkeiten. Nun muss man sich entscheiden: für einen Beruf, für einen Lebenspartner, für Familie und Kinder, für einen Wohnort und einen Bekanntenkreis. Die Entscheidungen werden in dieser Zeit selten mit dem Verstand getroffen. Träume und Neigungen stehen im Hintergrund und bestimmen das Handeln. Nicht selten werden die Hoffnungen enttäuscht, Lebensentwürfe scheitern und die Realität des Berufs-, Ehe- und Familienlebens kann sehr anstrengend und ernüchternd sein. Viele junge Erwachsene zwischen dem

20. und 30. Lebensjahr fühlen sich noch nicht reif für genaue Festlegungen, für ein selbständiges Leben, für Arbeit und Verantwortung. Sie weichen den Entscheidungen aus und versuchen die Offenheit der Jugend so lange wie möglich zu erhalten. Aber auch das kann eine falsche Entscheidung sein, die man später bereut, weil man einmalige Gelegenheiten an sich vorbeiziehen ließ, ohne zu ahnen, dass ähnliche oder bessere Chancen nie wieder kommen würden.

Ein extrem langer, wechselvoller Reifungsprozess in einer unheilvollen, unüberschaubaren Welt voller Ansprüche und Gefahren. Wir, die wir uns heute zur älteren Generation zählen dürfen und der Jugend einige Lebensjahre voraus sind, haben diese Zeit einst selbst durchlitten. Umso mehr, desto stärker wird es uns zum Bedürfnis, unsere Erfahrungen und Erkenntnisse an die nachfolgende Generation weiterzugeben. Ob die Ratschläge auf fruchtbaren Boden fallen, darf im Großen und Ganzen bezweifelt werden, denn ein Fortschritt der Menschheit im allgemeinen Verhalten ist nicht erkennbar. Die Menschen unterliegen seit eh und je einigen Leidenschaften, die seit Jahrtausenden als die sieben Todsünden gegeißelt wurden und dennoch unvermindert fortbestehen. Eitelkeit, Zorn, Wollust, Gier, Neid, Völlerei und Trägheit des Herzens scheinen zu den angeborenen Eigenschaften der Menschen zu gehören, zu einem Teil als biologisch bedingte Triebe, zum anderen Teil als Folge der biologischen Bedingungen der menschlichen Existenz. Wie alle Lebewesen ist der Mensch ein Tier und insoweit unschuldig, wenn ihm nicht eine Eigenschaft mitgegeben worden wäre, die ihn vom Tier unterscheidet. Der Mensch besitzt Erkenntnisvermögen, er kann daher sein Handeln durch Gedanken beeinflussen. Der Geist ist ein zweischneidiges Schwert. Er versetzt den Menschen in die Lage, sich selbst zu kontrollieren und im Sinne der Vernunft und des Guten zu handeln, aber er kann ebenso in den Dienst der Leidenschaften gestellt werden, die durch ihn ein gefährliches Potential gewinnen mit den allseits bekannten verheerenden Wirkungen. Selbst schwache Geister - oder vielleicht gerade sie - erfinden Strategien voller Hinterlist und Tücke, mit denen sie hartnäckig ihre Ziele verfolgen, die ihnen klammheimliche Freude und Befriedigung verschaffen.

Wie oft wird unser Glaube an den guten Kern in jedem Menschen auf eine harte Probe gestellt? Nicht nur ein bestimmtes Maß an Temperament, Intelligenz und Geschick scheint jedem neuen Erdenbürger in die Wiege gelegt zu sein, sondern auch überraschend früh zu Tage tretende Charakterzüge wie Lebensfreude, Ängstlichkeit oder Starrsinn, die an diesem einem Menschen kleben bis zu seinem Tod. Wie viele Eltern werden wohl beim Anblick ihres erwachsenen Sohnes oder ihrer erwachsenen Tochter gedacht haben: „So warst du schon als Baby, so warst du schon als Kind." Es wurden alle Register der Erziehungskunst gezogen, um bestimmte negative Verhaltensweisen abzustellen, aber weder Ermahnungen und Argumente, noch harte Strafen konnten etwas ausrichten.

Wir dürfen also davon ausgehen, dass wir die Menschheit im Ganzen nicht ändern werden, und dass wir nur wenige junge Menschen finden, denen von vornherein eine gewisse Aufnahmebereitschaft mitgegeben wurde, die sie zu den Ausnahmefällen macht, die uns als ältere Menschen erfreuen und Hoffnung geben. Die Voraussetzungen dafür sind Intelligenz, Empfindungsvermögen, Gerechtigkeitssinn und ein Interesse am Schicksal der Menschen und der Menschheit. Dazu kommt eine wache Wahrnehmung, die sich über die Dinge wundert, die nach dem Warum und Wieso fragt und aus reinem Herzen irritiert ist über die Verhaltensweisen der Menschen und den Zustand der Welt. Diese Anlagen fand ich bei Charline, einem Mädchen aus der Nachbarschaft. Sie hatte mir oft Fragen gestellt oder von Dingen erzählt, die sie bewegten. Meine spontanen Antworten empfand ich selbst oft als ungenügend und oberflächlich. Die aufgeworfenen Fragen und Probleme ließen mir dann keine Ruhe, Charline hatte es verdient, gründliche und ausführliche Antworten zu erhalten. So begann ich ihr in Briefen, meine Gedanken zu dem Thema, Erklärungen, Ratschläge und meine Erfahrungen mitzuteilen.

Nichts kann die eigene Erfahrung ersetzen. Sagt man. Und in der Tat prägen sich die Erfahrungen besonders stark ein, die man am eignen Leibe erlebt hat. Dennoch gibt es zwei Kräfte, die unscheinbar ihre Wirkung entfalten. Der erste und wichtigste Einfluss braucht keine Worte. Er geschieht unsichtbar durch die unmittelbare Nähe eines Menschen, dessen Geist und Haltung von dem Kind oder Heranwachsenden aufgenommen und verinnerlicht werden, ein Mensch, der durch sein Da-Sein und So-Sein ein unbewusstes Vorbild ist. Kinder mit Verstand können aber Worte aufnehmen und verarbeiten. Sie sind in der Lage, zu denken und begründet aus Einsicht zu handeln. Eltern unterschätzen sehr oft den Verstand ihrer Kinder. Statt Erklärungen geben sie Anweisungen, eine Methode, die nicht auf Einsicht setzt, sondern Gehorsam verlangt - und die spätestens in der Pubertät zu Verweigerung und Konfrontation führt. Wer sein Leben lang nur Befehlen folgt, wird nie zu einer selbständigen Persönlichkeit werden, die selber denkt und handelt. Wir dürfen darauf vertrauen, dass sich dieses Erziehungsziel in der Regel wie von selbst verwirklicht. Nur diejenigen, die zu ungeduldig sind und dem Lauf der Natur nicht vertrauen, versuchen die Resultate zu erzwingen. Aber kein Mensch - weder Kind noch Erwachsener - erträgt es, wenn dauernd an ihm herumgezogen und herumgezerrt wird. Besser ist es, die Entwicklung zur Selbständigkeit behutsam durch Anregungen zu fördern. Kinder brauchen nicht nur materielle, sondern auch geistige Nahrung. Diese wird zum Teil durch die Schule vermittelt, die wichtigsten Anregungen kommen jedoch von der Philosophie.

Als ich kürzlich Schopenhauers „Aphorismen zur Lebensweisheit" wieder zur Hand nahm, die ich zuletzt als fünfzehnjähriger Schüler gelesen, verschlungen und aufgesaugt hatte, stellte ich verblüfft und auch etwas erschrocken fest, wie stark mein Leben von diesem einen Buch beeinflusst wurde. Die Haltung und die Ansichten Schopenhauers müssen sich so tief bei mir eingeprägt haben, dass sehr viele Entscheidungen in meinem Leben auf den von ihm übernommenen Einstellungen beruhten. Ob dieser Einfluss möglich wurde, weil ich ohnehin so dachte, weil Schopenhauer nur das klar formulierte, was unbestimmt in mir lag, weil er meiner Gefühls- und Erfahrungswelt entgegenkam? Schwer zu entscheiden. Und ob es wirklich immer gut war, mich an die Ratschläge Schopenhauers zu halten? Nein, heute würde ich mich in vielen Fällen anders entscheiden.

So steht am Anfang aller aus eigener Erfahrungen gewonnenen Grundsätze die Regel: Übernehmt nichts von anderen ohne eine kritische Prüfung. Dieses ist besonders dann angebracht, wenn euch die Empfehlungen und Ansichten spontan zusagen und gefallen. Alle Ratschläge sind mit Vorsicht zu genießen.

1. Brief:
Über Freundschaft

Liebe Charline,
in den letzten Tagen sah ich dich häufiger zusammen mit Julia. Ich wunderte mich, denn vor nicht allzu langer Zeit wurde Lisa von dir als allerbeste Freundin in den Himmel gehoben. Ihr wart richtig vernarrt ineinander, und ihr habt Bilder gemalt mit zwei verbundenen Ringen und euren Namen. „Best friends forever" stand darunter. Als ich dich darauf ansprach, warum ich dich nicht mehr mit deiner allerbesten Freundin Lisa, sondern nur noch mit Julia antreffe, hast du erklärt, dass Lisa nie Zeit hat, ihre Verabredungen nicht einhält und sich oft mit Merle trifft, einem Mädchen aus ihrer Klasse. Als ich Lisa darauf ansprach, sagte sie mir, dass du meistens keine Zeit hast, die Verabredungen vergisst, häufig mit anderen ins Kino gehst, und dass du immer bestimmen willst, was gemacht wird. So seid ihr beide voneinander enttäuscht. Ihr reagiert beide mit dickköpfigem Trotz, und keiner von euch will den ersten Schritt zu einer Aussprache oder Versöhnung machen. „Soll sie doch kommen", heißt es von dir, genauso wie von Lisa.

Eifersucht - und nichts anderes steckt hinter eurem Trotz - zerstört jede Beziehung, weil der Eifersüchtige eine Person alleine besitzen will und keinen anderen neben sich duldet. Eifersucht ist eine schlimme Folter für beide Seiten. Woher kommt dieser unbedingte Wille, dieses übersteigerte Verlangen nach einer bestimmten Person? Woher kommt der grenzenlose Hass gegenüber allen anderen, die auf diese Person Anspruch zu erheben scheinen? Woher kommt die

Vorstellung, dass eine Freundschaft alle anderen ausschließt?

Wie so oft sind Einsamkeit, Angst und Unsicherheit die im Unbewussten wirkenden Antriebkräfte, die uns dazu bringen, Dinge zu tun und zu suchen, die uns von dem Druck des dunklen Hintergrunds des Lebens entlasten, vornehmlich Spiel, Reisen, Genuss und Geselligkeit. So schrieb schon der römische Philosoph Seneca: „Wie die Einsamkeit uns verhasst ist und wie das Verlangen nach Geselligkeit von Natur den Menschen mit Menschen verbindet, so liegt darin auch ein Reizmittel, das uns nach Freundschaften trachten lässt" (Brief an Lucilius). Das Bedürfnis nach einer allerbesten Freundin oder einem wahren Freund ist nie so groß wie in der Jugendzeit. Kinder haben Spielkameraden, die sie als Freunde bezeichnen, meistens beliebige Kinder aus der Nachbarschaft, an die keine hohen Ansprüche gestellt werden. Die Freundschaften bei Erwachsenen sind distanzierter, weil jeder sein eigenes Leben lebt und weil jeder durch Aufgaben und Geschäfte in Anspruch genommen wird. In günstigen Fällen haben der Lebenspartner oder die Ehefrau die Stelle des engsten Vertrauten eingenommen.

Jugendliche brauchen einen Freund oder eine Freundin mehr als alles andere. Die Gedanken und Gefühle, die einen in dieser Zeit beschäftigen, die Fragen und Probleme möchte man ganz bestimmt nicht in die Öffentlichkeit tragen oder mit Erwachsenen besprechen. Das wäre viel zu peinlich. Man kann diese Dinge nur seinem Tagebuch oder seiner allerbesten Freundin anvertrauen, der es ähnlich geht und die dich verstehen kann. Die Grundlage jeder wahren Freundschaft sind unbegrenzte Offenheit und unbedingtes Vertrauen. Eine Freundschaft beginnt meistens mit gegenseitiger Sympathie und gemeinsamen Interessen, sie vertieft sich durch gemeinsame Erlebnisse und durch die allmähliche Kenntnis der vergangenen und gegenwärtigen Lebensumstände. Nun sind die wesentlichen Bedingungen gegeben, um die Stufe zu erreichen, die den Kern jeder wahren Freundschaft ausmacht: der Freund oder die Freundin wird zu unserem engsten Vertrauten, der uns als verständnisvoller Zuhörer, Gesprächspartner und Ratgeber seelischen Beistand leistet. Er wird zu unserer zweiten, besseren Hälfte, die unser Leid teilt und unsere Freude verdoppelt.

So sieht die echte Freundschaft aus wie sie sich Jugendliche vorstellen und wünschen - in der Wirklichkeit kommt diese Art der Freundschaft äußerst selten vor, und wenn, dann meist nur für eine kurze Zeit. Freundschaften sind wie alle Verbindungen zwischen den Menschen brüchig, dem Wandel unterworfen und ständig durch eine Reihe von Umständen und Ursachen gefährdet.

Freundschaften scheitern oft an den überhöhten Erwartungen, die mit diesem Begriff verbunden werden. Arthur Schopenhauer schreibt in seinen Aphorismen: „Wahre, ächte Freundschaft setzt eine starke, rein objektive und völlig uninteressierte Teilnahme am Wohl und Wehe des Anderen voraus, und diese wieder ein wirkliches Sich mit dem Freunde identifizieren". In der wahren Freundschaft geben die Freunde ihre eigene Persönlichkeit auf und verschmelzen zu einer Person - wer solche Erwartungen mit dem Begriff der Freundschaft verknüpft, verlangt etwas Unmögliches.

Was gibt es in Bezug auf die Freundschaft nicht alles für abstruse Vorstellungen, die kein Mensch erfüllen kann: die Freundschaft müsse bewiesen werden, der Freund sei immer für den Freund da, der Freund würde für den Freund sein letztes Hemd opfern, ihn unter allen Umständen beschützen, verteidigen, zur Seite stehen, für ihn kämpfen und sogar für ihn sterben. Auf der anderen Seite soll die Freundschaft völlig zwecklos sein. Man hat eine Person zur Freundin gewählt, weil man sie mag und schätzt, nicht weil uns die Freundschaft mit ihr nützlich sein kann.

Die Frage, ob eine Freundschaft nützlich sein darf oder nicht, ist die Achillesferse des Begriffs. Seneca spricht sich deutlich dagegen aus, weil die Freundschaften, die sich auf die Nützlichkeit gründen, nicht von Dauer sind. Eine Beziehung zwischen zwei Menschen, die völlig frei ist von Egoismus und Nutzen erfordert einen gewissen Abstand. Die Tatsache, dass sich zwei Menschen gegenseitig schätzen und mögen, begründet noch keine Freundschaft. Dafür muss die Freundschaft mindestens in irgendeiner Form nützlich sein - und zwar für beide Seiten. Ein Ungleichgewicht des Nutzens führt unweigerlich zu Unstimmigkeiten, vielleicht sogar zu Streit und zum Ende der Freundschaft. Eine Freundschaft verträgt es nicht, wenn einer von beiden das Gefühl hat, von dem anderen ausgenutzt zu werden; und sie ist falsch und unehrlich, wenn einer einen Freund mehr oder weniger bewusst ausnutzt, weil dieser alles für den vermeintlichen Freund zu tun und zu geben bereit ist.

Man täuscht sich selbst oft lange Zeit über die Beschaffenheit einer Beziehung, weil sich Wünsche, Sympathie, Nutzen und Angst vor der Einsamkeit in einer undurchsichtigen Gemengelage vermischen. Wir werden uns selbst nicht klar über die unterschiedlichen Motive und Gründe, die uns in und zu einer Beziehung bewegen, noch weniger sind wir imstande, wirklich ins Innere einer Freundin oder eines Freundes zu blicken, selbst wenn wir sie oder ihn sehr gut zu kennen meinen. Mädchen und Frauen neigen dazu, sehr viel Wert auf diese bewegenden Gefühle, inneren Zustände und Motive zu legen, und sie neigen dazu, sehr viel darüber zu reden. Jungen und Männer gehen da in der Regel pragmatischer vor. Freundschaften beruhen bei ihnen meistens auf gemeinsamen Interessen: Fußball, Autos, Arbeit, Computerspiele und dergleichen Dinge, zu denen man einfach noch eine oder mehrere Personen braucht.

Als ich in deinem Alter war hatte ich einen sehr guten Freund, Holger. Er wohnte schräg gegenüber und wir verbrachten jede freie Minute miteinander. Wir fuhren morgens gemeinsam mit unseren Fahrrädern zur Schule, saßen in unserer Klasse an einem Tisch und wandelten zusammen in den Pausen über den Schulhof. Was mich nie störte, fiel dagegen meinen Eltern und anderen auf: wir waren äußerlich und mental sehr unterschiedlich. Holger war der kleine pummelige Dicke mit einem stillen, gutmütigen Wesen - meine Mutter nannte ihn „mundfaul" -, während ich eher quicklebendig, wohl auch etwas untergewichtig, ständig in Bewegung war und vor Ideen sprudelte. Uns verband mehr als die Abneigung gegen Englisch und Sport - für Herrn N., einem ehemaligen Trainer der jugoslawischen Volleyball-Nationalmannschaft, zählten nur Spitzenleistungen, die er von uns Kindern mit gnadenlosem Drill herbeizuprügeln versuchte. Holger und ich gründeten zunächst ein Detektivbüro, dann die Schülerzeitung und später eine Band. Abgesehen von den Lehrern und den Hausaufgaben, die unseren täglichen Gesprächsstoff bildeten, standen immer aktive Unternehmungen im Mittelpunkt unserer Freundschaft. Da wir keinen Sänger fanden, blieb die Band eine reine Instrumentalgruppe, die aus Holger an der Gitarre, Peter am Schlagzeug, Nicki an der Trompete und mir an der Posaune bestand. Wir spielten einfache Gospelsongs, Lieder von den Beatles und einige Swingnummern. Mir fiel die Rolle des Bandleaders zu, der die Noten besorgte, die Proben ansetzte und die Auftrittsgelegenheiten besorgte. Was aus Holger geworden ist, kann ich nicht sagen. Ich habe ihn nach dem Ende der Schulzeit nie wieder gesehen.

Jeder Mensch geht seinen eigenen Lebensweg, auf dem wir immer für eine gewisse Strecke Begleiter haben, die eine Weile in dieselbe Richtung gehen wie wir. Der eine oder andere bleibt zurück, andere eilen davon und die meisten weichen - anfangs nur um ein der zwei Grad - von der gemeinsamen Linie ab, mit der Zeit spreizt sich der Winkelbogen und plötzlich sind sie ganz aus unserem Sichtfeld verschwunden. Die meisten Freundschaften enden allmählich und unspektakulär. So stellte schon Schopenhauer fest: „Entfernung und lange Abwesenheit tun jeder Freundschaft Eintrag, so ungern man es gesteht. Denn Menschen, die wir nicht sehen, wären sie auch unsere geliebtesten Freunde, trocknen, im Laufe der Jahre, allmählich zu abstrakten Begriffen auf, wodurch unsere Teilnahme an ihnen mehr und mehr eine bloß vernünftige, ja traditionelle wird." (S.500)

Ein abruptes Ende einer Freundschaft kommt dagegen sehr selten vor. Die Menschen neigen eher dazu, Fehler zu verzeihen als Beziehungen abzubrechen. Oft lässt sich beobachten, dass ein Freund den anderen ausnutzt ohne dass dieser die Freundschaft aufkündigt. Angesprochen auf das Fehlverhalten leugnet er mit hartnäckiger Blindheit jeder Böswilligkeit. Tausend Entschuldigungsgründe fallen ihm ein, um die Taten des Freundes zu verharmlosen. Nur in wenigen Fällen lässt sich dieser Selbstbetrug nicht durchhalten, bei Verrat auf Leben und Tod etwa oder wenn die Freundin mit dem Mann ihrer Freundin durchbrennt, der Freund seinem Freund die Frau ausspannt - hier ist der Vertrauensbruch eklatant und offensichtlich. Es soll allerdings Männer gegeben haben, die lieber ihre Frau preisgegeben und als Verführerin beschuldigt haben als den ehebrechenden Freund zu verdammen.

Bei Frauen sieht die Sache in der Regel anders aus. Frauen fühlen ständig die Konkurrenz. Ein beliebter Sport unter dem weiblichen Geschlecht ist es, andere Frauen auszustechen und ihnen den Mann, den allerheiligsten Besitz, abzujagen. Wie Furien gehen sie dann aufeinander los, reißen sich an den Haaren und zerkratzen sich die Gesichter. Ich habe dieses Naturschauspiel der entfesselten weiblichen Eifersucht schon mehrfach miterlebt, und den abgrundtiefen, lebenslangen Hass, mit dem sich Frauen in unbarmherziger Abneigung verbunden verfolgen können. Der Mensch ist im wesentlich doch immer noch ein Tier.

Konkurrenz ist Gift für jede Freundschaft. Ebenso zersetzend wirkt ein Ungleichgewicht in der Beziehung, wenn sich die Freundinnen oder der Freunde nicht bis zu einem gewissen Grad ebenbürtig sind. Abhängigkeiten empfindet der eine Partner als Demütigung, der andere als Last, ein Zustand, der auf die Dauer weder für den einen noch für den anderen erträglich ist.

Schließlich gibt es noch einen weiteren Grund, der die Freundschaft gefährdet. Er ist dir wohl bekannt und unter Jugendlichen, die nach Anerkennung suchen und Ablehnung oder Kritik nicht aushalten können, weit verbreitet. Man möchte bei allen beliebt sein. So entsteht der Wunsch, ganz viele Freunde und Freundinnen zu haben. Die Beliebtheit lässt sich heute in Zahlen ablesen. Wer bei Facebook besonders viele Freundschaftsanfragen hat, kann mit Hunderten von „Freunden" prahlen. Eigentlich sind es keine Freunde, sondern nur Bekannte, zu denen nur eine lockere Verbindung besteht. Ich finde, dass sich diejenigen selber täuschen, wenn sie die Masse, die Quantität wichtiger finden als die Qualität. Tiefe Verbundenheit macht das Wesen der echten Freundschaft aus. Auch wenn die Einsamkeit und Einzigartigkeit des Individuums nie ganz überwunden werden kann, so stehen wir mit guten Freunden nie alleine da. Die Masse der Bekannten wird nie wirklich für uns da sein.

Warum erzähle ich dir das alles? Ich möchte, dass du weißt, was dich erwartet. Es ist immer gut, auf die Dinge, die uns im Leben widerfahren können, vorbereitet zu sein, um nicht zu ihrem Spielball zu werden. Mit Wissen und Verstand können wir uns ein Urteil bilden. So bekommen wir die Herrschaft über uns selbst, so sind wir geschützt vor Irrtümern, Enttäuschungen und nutzlosen Kraftanstrengungen.

Liebe Charline, du kennst die Gefährdungen und die Schwierigkeiten von Freundschaften aus eigener Erfahrung. Du ahnst vielleicht, dass man immer nur sehr wenige gute Freunde haben wird. Eines jedoch kannst du noch nicht wissen: einen verlorenen Freund, eine verlorene Freundin ist nicht so schnell zu ersetzen. Mit zunehmendem Alter wird es immer schwieriger, neue Freunde zu gewinnen. Am Ende steht man möglicherweise sogar ganz ohne Freunde da. Deshalb ist es unendlich wichtig, Freundschaften zu pflegen. Willst du Freunde fürs Leben gewinnen, musst du dir die richtigen Menschen aussuchen. Wähle diejenigen, die dir sympathisch sind und einen guten Charakter besitzen. Menschen, die zu Jähzorn neigen, die argwöhnisch sind, egoistisch oder nachtragend, Menschen, die von Ängsten geplagt werden, die verbittert, extrem geizig oder übermäßig eitel sind oder Menschen, die lügen und betrügen, kommen für eine dauerhafte Freundschaft nicht in Frage.

„Überlege lange, ob einer in deine Freundschaft aufzunehmen sei; hast du aber einmal beschlossen, dass es geschehe, dann nimm ihn mit deinem ganzen Herzen auf und sprich mit ihm ebenso offen wie mit dir selbst." (Seneca) Der zweite Schritt zur Erhaltung der Freundschaften betrifft dich selbst: Beobachte dich und prüfe, ob du selbst die Eigenschaften besitzt und die Anforderungen erfüllst, die du von deiner Freundin erwartest. Was nützt es, wenn deine Freundin gute Charaktereigenschaften hat, du aber nicht? Glaube mir, auch du kommst zu deinem Recht, wenn du dich nicht selbst in den Mittelpunkt stellst. Zeige deiner Freundin, dass du an ihrem Schicksal teilnimmst, dass du dich dafür interessierst, was sie beschäftigt. Trefft euch regelmäßig und unternehmt viel gemeinsam. Nichts verbindet die Menschen mehr als die Erinnerung an gemeinsame Erlebnisse.

2. Brief:
Über Unvollkommenheit

Liebe Charline,
die Unvollkommenheit der Menschen sorgt für einen
schier unerschöpflichen Vorrat an Gesprächs- und
Zündstoff. Wie gerne und oft regen wir uns über die
Fehler und Schwächen von anderen Menschen auf.
Manchmal sagen wir ihnen unsere Meinung direkt ins
Gesicht, am leichtesten fällt es uns aber, über andere
herzuziehen, wenn diese nicht dabei sind. Das heim-
liche Schludern und Lästern halten wir eigentlich für
schäbig und verwerflich. Trotzdem können wir es
nicht lassen. Lust und Befriedigung überwältigen unser schlechtes Gewissen.

So unschön wie das Lästern auf den ersten Blick erscheint, es erfüllt eine wichtige Funktion im Zusammenleben der Menschen. In der Kritik an den Fehlern und Schwächen der anderen gewinnen wir eine
Vorstellung davon, wie ein Mensch idealerweise sein
sollte, und wir vergewissern uns zugleich, ob diese
Vorstellung auch von anderen geteilt wird, ob wir mit
unserer Meinung richtig liegen. Keine Gesellschaft
kommt ohne die regelmäßige Verständigung über die
grundlegenden Werte aus. Sie dient als Orientierung
für unser eigenes Handeln. Daher wirkt die Beurteilung des Verhaltens von anderen wie eine Maßnahme,
durch die wir uns selbst erziehen. Schließlich halten
wir es für eine Selbstverständlichkeit, dass wir selber
frei sind von den Fehlern, die wir an anderen kritisieren.

Mit dem erwachenden Bewusstsein, das alles in Frage stellt, entdecken Jugendliche während der Pubertät die Kraft der Kritik. Worte sind mächtige Waffen, mit denen wir uns schützen und verteidigen können. Aber wir können mit ihnen auch angreifen, andere „fertig machen" und schwer verletzen. Nicht alle, die einmal die Macht der Kritik gekostet haben, widerstehen der Versuchung, andere Menschen zu erniedrigen. So manch einer perfektioniert dieses Mittel und bringt es zu einer brillanten Eloquenz, hinter der sich seine Boshaftigkeit gut verstecken kann. Diese Menschen verlieren jedes Maß, weil sie das Gefühl des Triumphes genießen. Gierig auf den Rausch der Macht sind oft Menschen, die kein Selbstwertgefühl besitzen, die zurückgesetzt oder gekränkt wurden und die von ihren eigenen Fehlern und Schwächen ablenken wollen.

Die Neigung, andere Lebewesen herabzusetzen oder zu bekämpfen, die jeder in sich trägt, scheint ein biologischer Impuls zu sein. Ein instinktiver Lebenserhaltungstrieb sagt uns, dass wir überleben und uns gegen andere durchsetzen müssen. Müssen wir das wirklich? Ist das Leben nur Konkurrenz und Kampf? Zählen nur die Sieger? Wer sich von diesem Glauben beherrschen lässt, wird niemals glücklich sein. In der Weite des Raumes gibt es für jeden eine Nische, für jeden einen Platz, durch den ein Neben- und Miteinander möglich wird. Es gibt keine Notwendigkeit, sich die Dinge streitig zu machen. Wir werden ohnehin sterben und alles verlieren. Je mehr wir besitzen - Macht, Geld, Ehre - desto größer ist die Illusion, der eigenen Nichtigkeit entgangen zu sein. Am Ende bleibt nichts von uns nach.

Das einzige, was wir wirklich nicht gut ertragen können, ist unser Spiegelbild. Bei Edeka arbeitet ein Mann in meinem Alter, der die Regale in der Getränkeabteilung auffüllt. Immer, wenn ich ihn sehe, überfällt mich ein Gefühl der Abneigung und des Widerstands, weil er mir ähnlich, aber genau so ist, wie ich nie sein möchte. Seine äußere Erscheinung - die Gesichtsform, die kurze Haare und der schlaksige Körperbau - stimmt mit meiner überein, ebenso wir die leicht hektische Art der Bewegung, der leicht nach vorn geneigte Gang. Aber dieser Mann trägt eine von zwei Bändern gehaltene Brille, eine Strickjacke und Sandalen! Alles an ihm besitzt so etwas Unbeholfenes, Unausgereiftes, so eine beschränkte Mittelmäßigkeit. Genau so bin ich auch einmal gewesen. Auch ich trug einmal eine unmögliche Hornbrille, eine Strickjacke und Sandalen. In diesem anderen Mann erkenne ich Eigenarten von mir wieder, die ich einfach fürchterlich und abstoßend finde. Und ich fürchte, dass immer noch ein bisschen davon in mir steckt.

Stell dir vor, es gäbe Hunderte von Charlines, die mit dir absolut identisch sind, die genau so aussehen wie du, genau so denken, fühlen und reden. Das wäre nicht auszuhalten - weder für dich noch für andere. Wir brauchen die unverzichtbare Gewissheit, dass wir etwas Besonderes und Einmaliges sind. Warum ist das so? Warum besitzen wir die Neigung, andere zu kritisieren, obwohl diese doch das gleiche Recht auf ihre unverwechselbare Persönlichkeit haben wie wir?

Jeder Mensch ist der Mittelpunkt seines eigenen Universums. Die ganze äußere Welt konzentriert sich in der eigenen Persönlichkeit und wird dort nach Erfahrung, Abneigung und Sympathie sowie den daraus entspringenden Vorstellungen geordnet. Um die Bedeutung dieser Tatsache richtig zu würdigen, musst du dir vor Augen halten, dass wir in jedem Augenblick unseres Lebens die Erfahrung machen, dass wir selber denken, sprechen, schreiben, lesen oder uns bewegen. Viele Menschen begegnen uns, die einen bleiben vielleicht eine längere Zeit in unserer Nähe, andere entschwinden schon am nächsten Tag aus unserem Gesichtkreis und werden vergessen. Auch die Orte, an denen wir uns aufhalten, wechseln. Nur wir selbst sind uns immer gegenwärtig. „Jeder ist sich selbst der Nächste." Beobachte einmal ein alltägliches Gespräch. Erstaunt wirst du feststellen, dass jeder nur von sich selber redet. Bei einem wissenschaftlichen Vortrag fallt dieses vielleicht nicht so schnell auf, aber bei einer Unterhaltung über das Essen sagt der eine:" Ich mochte Tomaten noch nie" und der andere antwortet: „Also, ich esse viel lieber Gurken".

Die Erfahrung, dass wir ein individuelles Dasein besitzen, mag uns manchmal irritieren und erschrecken. Die meiste Zeit sind wir uns dessen kaum bewusst, es ist so alltäglich und gewöhnlich, dass wir es nicht mehr beachten. Gerade das erstaunliche Phänomen der Individualität führt zu Problemen, die durch mangelnde Aufmerksamkeit verschärft werden und eine beständige Quelle der Ungerechtigkeit sind. Da sich alles um uns selbst dreht, neigen wir unwillkürlich dazu, alles nach unserem subjektiven Maßstab zu beurteilen, und das für gut zu halten, was für uns gut und angenehm ist. Wir werden uns hüten, unsere Urteile so plump und direkt zu begründen. Mit Hilfe des Verstandes werden wir immer eine Möglichkeit finden, unseren Urteilen den Anschein der Vernunft und der Objektivität zu geben, indem wir uns auf Werte berufen, die von allen anerkannt und geschätzt werden. Insgeheim halten wir uns aber für unfehlbar. Es entstehen daraus endlose Streitigkeiten, weil sich jeder für überlegen hält und ungern nachgibt. Selbst wenn uns einmal die Argumente ausgehen sollten, geben wir uns innerlich niemals geschlagen. Wenn wir es nicht wollen, kann uns niemand überzeugen.

Auf diesen Umstand hat schon der englische Philosoph Thomas Hobbes aufmerksam gemacht. Er schreibt: „Wenn auch der Mensch geneigt ist, einem anderen in der Beredsamkeit oder Gelehrsamkeit den Vorzug vor sich selbst zuzugestehen, so wird er doch nicht einräumen wollen, dass jemand klüger ist als er. Jeder sieht seinen eigenen Verstand gleichsam aus der Nähe, den des anderen aber aus der Ferne an." (Leviathan, Kap. 13)

Die Individuation ist der Fluch, der über den Menschen liegt. Nicht nur, weil wir die Kluft, die zwischen uns und einem anderen Menschen liegt, niemals und durch nichts überwinden können - alle anderen Menschen bleiben uns immer irgendwie fremd -, sondern auch weil wir mit unserer Besonderheit zugleich anerkennen und einsehen müssen, dass jedes andere Individuum auf dieser Welt Stärken, Vorzüge und Fähigkeiten besitzt, über die wir nicht verfügen. Am Offensichtlichsten wird das beim Anblick von körperlicher Schönheit, die anderen mitgegeben, uns dagegen von der Natur versagt wurde. Der andere ist das und hat etwas, das wir nicht sind und nicht haben. So sehen wir uns ständig mit einer Situation konfrontiert, die uns unsere eigene Unvollkommenheit zu Bewusstsein bringt. Wie ein Stachel sitzt die Ahnung tief in unserer Seele, dass andere genauso wertvoll sind wie wir selbst.

Alles Unheil dieser Welt entspringt der Individuation und der Sterblichkeit. Die Nähe zu uns selbst verführt uns zu Überheblichkeit, Selbstgerechtigkeit und Nachlässigkeit. Da wir mit uns selbst sehr gut vertraut sind und unsere Lebensgeschichte kennen, glauben wir auch zu wissen, was uns dazu treibt, das zu tun, was wir tun. Wenn unser Handeln jedoch nicht so ausfällt, dass es den gesellschaftlichen Normen entspricht, so bereitet es uns keine Schwierigkeiten, Entschuldigungsgründe anzuführen, mit denen wir die Geltung dieser Normen für uns außer Kraft setzen. Diese Art der Gerechtigkeit, die alle Umstände berücksichtigt, ist nur gegenüber uns selbst möglich. Gegenüber allen anderen Menschen pochen wir auf die unbedingte Geltung der Normen. Es ist klar, dass die Anwendung von zwei unterschiedlichen Maßstäben - einen für uns, einen für die anderen - dem Gerechtigkeitsprinzip widerspricht. Trotzdem halten wir daran fest, weil wir uns selbst für den besseren Menschen halten. Die Fehler machen immer die anderen.

Die dauernde Nähe zu uns selbst und die dauernd geübte Selbstgerechtigkeit führt zur Nachlässigkeit. Wir überdenken und rechtfertigen unser Handeln nicht länger, sondern tun, was wir wollen. So wie wir andere am absoluten Maßstab messen und ihnen ihre Fehler vorwerfen, so beurteilen und kritisieren uns die anderen. Diese Kritik empfinden wir als ungerecht, sie verletzt unsere Stolz und unser durch die Selbstgerechtigkeit gewonnenes Selbstwertgefühl. Die meisten Menschen können mit Kritik sehr schlecht umgehen. Sie fühlen sich angegriffen und ungerecht behandelt. In fast allen Menschen entsteht daraus - bewusst oder unbewusst - der Wunsch, die erlittene Erniedrigung auszugleichen, der Wunsch, nach Rache und Vergeltung. Eine gewisse Befriedigung verschafft die Rückgabe der Kritik - die Retourkutsche - durch scharfe Hinweise auf die Fehler der Personen, die sich das Recht herausnehmen, uns zu verurteilen, obwohl sie selber nicht besser sind. Das Leben liefert aber ebenso viele Beispiele für noch heftigere Reaktionen, die bis zum Angriff auf Leib und Leben gehen. Der Amoklauf ist dabei die fürchterlichste Form der durch beständige Erniedrigung aufgestauten Rachsucht.

Das Unheil unter den Menschen könnte aus der Welt verschwinden, wenn sich alle an einen einzigen Grundsatz halten würden, den ich dir eindringlich ans Herz lege, auch wenn ich weiß, wie schwer es für dich sein wird, dich daran zu halten. Ich nenne diesen Grundsatz die „Erste Regel für den guten Menschen": Sei hart zu dir selbst und nachsichtig gegenüber anderen.

Hart gegen sich selbst zu sein bedeutet, grundsätzlich mit der Möglichkeit zu rechnen, dass man den Maßstäben, von denen man glaubt, dass sie für alle gelten sollen, nicht gerecht wird. Diese Regel des Misstrauens gegen sich selbst muss immer beachtet werden, weil es sehr schwer ist, sich selbst zu beobachten. Der Vorsatz, sich selbst der Bequemlichkeit und der Nachlässigkeit zu verdächtigen - und ich glaube, die Neigung zur Nachlässigkeit kannst du nicht von der Hand weisen, wenn du dir dein Zimmer ansiehst - muss auch auf diesen Vorsatz angewendet werden. Denn nur allzu leicht halten wir uns für einen besseren Menschen, weil wir glauben, hart gegen uns selbst zu sein. Können wir uns jemals sicher sein, dass wir wirklich so streng mit uns verfahren? Nein, aus diesem Grund verbietet es sich, von anderen zu verlangen, dass sie diesen Grundsatz beachten. Oder als Goldene Regel etwas anders formuliert: Verlange nicht von anderen, was du von dir selbst nicht verlangst oder was du selbst nicht erfüllen könntest.

Hart gegen sich selbst zu sein bedeutet die Gefühle Neid, Eifersucht und Fremdenhass als das zu erkennen, was sie sind: Phänomene der Angst und der Unsicherheit.

Das Unheil nimmt die Form von Missgunst, Neid, Eifersucht, Mobbing und Fremdenhass an, wenn die Sicherheit und Überlegenheit, die wir aus der Nähe zu uns selbst gewonnen haben, durch die Begegnung mit anderen Menschen erschüttert wird. Diese Begegnungen werden unbewusst immer von dem Gedanken an die Möglichkeit begleitet, dass die anderen mit derselben Berechtigung an den Wert ihrer Person glauben wie wir selbst. Es muss nicht einmal so sein, dass die anderen tatsächlich besondere Fähigkeiten und Vorzüge besitzen, es reicht aus, alle anderen Menschen als gleichwertig und ebenbürtig anzusehen, um in einen Zustand tiefster Niedergeschlagenheit zu verfallen. Wie wertlos und sinnlos ist unser Leben angesichts der Millionen und Abermillionen von Menschen, einer Masse, aus der wir uns nicht im Geringsten hervorheben.

Die Masse der Menschen ist aber nur eine nicht greifbare Größe im Hintergrund. Umso stärker überträgt sich unsere Reaktion auf diese Verunsicherung und Entwertung auf die Menschen, die in unserer Nähe leben. Die Zerstörung der Beziehungen, von der jede Freundschaft ständig bedroht ist, isoliert uns noch mehr. Sie macht uns noch mehr zu einem anonymen Teil der Masse und verstärkt so wiederum diese zerstörerischen Kräfte, bis diese keinen unmittelbaren Angriffpunkt mehr finden. Ist dieser tiefste Punkt erreicht, wird es gefährlich. Doch zunächst treten die „harmlosen" Fälle von Neid und Missgunst auf, die sich meistens schnell beheben lassen, weil sie sich in erster Linie an äußeren, materiellen Dingen entzünden. Alle Objekte, die als Statussymbole dienen, sind heute produzierbar und prinzipiell erwerbbar. Sind die Produkte erschwinglich, was bei den meisten Kleidungsstücken der Fall ist, entsteht eine Mode. Denjenigen die sich die Produkte nicht leisten können, bleiben nur zwei Möglichkeiten: entweder sie versuchen, den Wert dieser Dinge herunterzuspielen und herabzusetzen oder sie bringen sich auf ungesetzliche Weise in ihren Besitz. Da hast du ja auch schon deine Erfahrungen gemacht. Auch die Jugendlichen, die manchmal alleine, meistens aber in kleinen Gruppen, anderen Jugendlichen unter Androhung von Gewalt Jacken, Hemden, Handys oder Turnschuhe rauben, handeln aus Gründen, die ihnen selbst gar nicht klar sind.

Schwieriger wird es, wenn es sich nicht um den Besitz von materiellen Dingen, sondern um Menschen handelt. Eifersucht ist das Ergebnis eines gesteigerten Bewusstseins der Bedrohung des Selbstwertgefühls durch ebenbürtige oder überlegene Konkurrenten, die unseren Platz einnehmen könnten - oft verstärkt durch Vernachlässigung, Erniedrigung oder durch den Verlust von geliebten Menschen in der Kindheit. Die Gefahr kann und wird - wenn auch nur vorübergehend - meistens auf zwei Wegen zugleich gebannt: durch die Ausschaltung des Nebenbuhlers und durch die absolute Kontrolle über die Geliebte oder den Geliebten. Eifersucht ist eine Krankheit, die nur schwer zu heilen ist.

Mobbing und Fremdenhass schließlich als die ärgste Reaktion auf das Gefühl der Bedrohung gewinnen ihre Dynamik dadurch, dass unsere tiefsten Überzeugungen, unser geheiligter Glaube und unsere gemeinsamen Moralvorstellungen durch einzelne Menschen oder Gruppen mit anderem Aussehen, anderen Werten und Verhaltensweisen in Frage gestellt werden. Die Menschen können ohne eine gewisse Daseinsorientierung, die ihrem Leben einen Sinn verleiht, nicht leben. Da dieser Bereich der geistigen Grundlagen einer Kultur für die meisten Menschen so schwer fassbar und vermutlich auch nur schwer durch Argumente zu verteidigen ist, wird die Auseinandersetzung eher brutal mit Worten oder hinterhältig mit leiblichen Angriffen geführt. Die häufigsten Vorwürfe, die an den Stammtischen der Welt immer wieder verkündet werden, behaupten, dass die Ausländer „unsere" Arbeitsplätze und „unsere" Frauen wegnehmen würden. Bei denen, die spüren, dass ihre Grundüberzeugungen bedroht werden, ist die Verschwörungstheorie sehr beliebt, die besagt, dass die Fremden gezielt unsere Gesellschaft unterwandern und uns beherrschen wollen. Sicherlich speist sich der Fremdenhass nicht nur aus dem Gefühl der Bedrohung unserer weltanschaulichen Grundüberzeugungen, ebensoviel tragen das ohnehin auf Konkurrenz ausgerichtete Gesellschaftssystem und die Gefahr eines sozialen Abstiegs in wirtschaftlichen Krisenzeiten zu diesem Phänomen bei. Die Erfindung eines Schuldigen, eines Sündenbocks, bündelt die Wut über den als ungerecht empfundenen sozialen Abstieg, an dem man selbst keine Schuld trägt und dem man als Ergebnis anonymer, zwangsläufiger, wirtschaftlicher Prozesse hilflos gegenübersteht. Als gemeinsamer Bezugspunkt ermöglicht ein erfundener Schuldiger die Bildung von Gruppen - Gemeinschaften der Angst -, in denen sich die einzelnen Mitglieder entlasten, ihres eigenen Wertes versichern, indem sie sich gegenseitig in ihrer Ablehnung der Fremden bestärken. Auch hier finden wir alle Formen des aggressiven Verhaltens, von der Diffamierung und Diskriminierung bis zur offenen Gewalt.

Die Hoffnung, durch Wissen, Macht, Reichtum und Ruhm die größte Unvollkommenheit des Menschen, seine Sterblichkeit, zu überwinden, ist eine trügerische Illusion. Sie ist dennoch eine unerschöpfliche Quelle der menschlichen Aktivität. Wem es nicht genügt, in seinen Kindern fortzuleben, wer sein Leben nicht in sinnlichen Genüssen verliert oder der allgemeinen Trägheit erliegt, wird seine Anstrengungen auf die Wissenschaft, die Wirtschaft, die Politik oder die Kunst richten. Führungskräfte in den Unternehmen und an der Spitze des Staates müssen sich im besonderen Maße selbst beherrschen, denn sie können Entscheidungen treffen, unter denen viele oder alle Menschen eines Landes leiden müssen. Der Besitz von Macht führt zur Versuchung, die bestanden werden kann, wenn man sich anhaltenden Ruhm in der Nachwelt erhofft. Diesen erlangt man nämlich nur dann, wenn man etwas Vorbildliches geleistet und seine Fähigkeiten in den Dienst der Gemeinschaft gestellt hat. Leider gibt es genügend Beispiele eines ständig schwankenden Urteils der Nachwelt - einstige Herrscher wurden gestern noch als Helden gefeiert, heute werden sie als Barbaren beschimpft-, so dass die Aussicht auf dauerhaften Ruhm, recht nüchtern und skeptisch betrachtet werden muss. Folglich ist die Gefahr, den Versuchungen der Macht zu erliegen und diese in erster Linie für die persönlichen Ziele zu nutzen, recht hoch. Die Beispiele für Korruption und Bereicherungen sind zahlreich, sie ziehen sich durch die Geschichte der Menschheit von den Anfängen bis zur Gegenwart. Das Geschrei der Tugendhaften über die Verfehlungen der Politiker, Manager und Funktionäre ist so berechtigt wie einfaltig. Die meisten Kritiker besaßen niemals eine ähnliche Macht. Wer weiß, wie sie sich verhalten würden, böten sich ihnen plötzlich derart verlockende Möglichkeiten.

Der in jedem Menschen angelegte Egoismus muss gebremst und kontrolliert werden, durch Gesetze und Sanktionen oder durch Selbstbeherrschung. Früher konnten Könige und Fürsten machen, was sie wollten, sie stellten sich auf eine Stufe mit Gott und nahmen sich Dinge heraus - wie das Recht der ersten Nacht -, die sich kein anderer Mensch erlauben durfte. Es ist das Verdienst der Französischen Revolution und der Aufklärung, dass Herrscher nicht mehr absolut regieren können, sondern selbst den Gesetzen unterworfen sind. Seitdem können die Regierenden bestraft und zur Verantwortung gezogen werden, wenn sie gegen die Gesetze verstoßen. Das ist wichtig für die

Gemeinschaft. Für jeden einzelnen jedoch besteht die Aufgabe in der Selbstbeherrschung. Wir können unser Wollen und unser Verhalten kontrollieren und durch unser Denken selbst bestimmen. Erst unser Geist erhebt uns über uns selbst. Er ermöglicht, dass wir nicht zum hilflosen Spielball unserer tierischen Natur, unserer sinnlichen Neigungen und wilden Emotionen werden. Erst durch das Denken werden wir unabhängig, wird unser Leben zu unserem eigenen, von uns gewollten und kontrollierten Leben. Diese Fähigkeit besitzen nicht alle Menschen - und daher werden die, die sich durch Vernunft und Geist auszeichnen, oft einsam sein und von den anderen nicht verstanden. Das Denken erhebt uns nicht nur über uns selbst, sondern auch über andere. Wir könnten versuchen, ihnen den Weg zu weisen, aber wir werden nicht darum herumkommen, gegen die, die nicht anders können, nachsichtig zu sein.

Wenn wir dieses einmalige Leben, das uns geschenkt wurde, wirklich nutzen wollen, dürfen wir nicht den bequemen Weg gehen. Wir müssen von uns das Höchste verlangen und hart gegen uns selbst sein, das heißt, gerade die Dinge tun, zu denen wir nicht die geringste Neigung verspüren. Als Gymnasiast, als Musiker und „Denker" war es mir ein Grauen, im Dreck zu wühlen und meine Zeit mit körperlicher Arbeit zu verschwenden. Nach dem Abitur entschied ich mich deshalb bewusst, ein Handwerk zu lernen. Im Gartenbau schuftete ich dann bei Regen und Wind, bei brennender Sonne, bei Eis und Schnee drei Jahre lang bis zur körperlichen Erschöpfung in staubiger und schlammiger Erde. Ich habe eine neue Welt kennen gelernt und ich bin dadurch ein anderer Mensch geworden. Ich wäre heute nicht der, der ich bin, wenn ich diese Strapazen niemals auf mich genommen hätte.

Wir neigen dazu, unsere Kräfte zu schonen. Gerade dadurch werden wir schwach, denn Kräfte entstehen und wachsen durch die Widerstände, äußere wie innere, gegen die wir ankämpfen. Wer seine Kräfte nicht gebraucht und trainiert, verliert sein Kraft. Du kennst dich gut genug und weißt, dass du dir selbst im Weg stehst, weil du oft deinen Launen gehorchst. Du kannst dir dein Leben angenehm gestalten und dich von deinen Gefühlen und Wünschen leiten lassen. Das verschafft dir gelegentlich eine gewisse Befriedigung, dauerhaft glücklich wirst du dadurch nicht. Arbeite an dir selbst, nicht an anderen!

3. Brief:
Über Unwissenheit und Fehler

Liebe Charline,
das eine oder andere von dem, was ich dir schreibe, kommt dir bestimmt sehr theoretisch vor. Vieles wirst du nicht verstehen, es bleiben für dich leere Worte, weil du erst am Anfang des Lebens stehst, ich dagegen stehe schon am Ende. Ohne eigene Erfahrungen ist es schwierig, die Gesetzmäßigkeiten zu erkennen, die allem, was auf dieser Welt geschieht, zugrunde liegen. Es ist ganz gut, dass wir nicht alles wissen.

Warum? Kein Kind würde danach fragen, warum etwas so ist oder warum etwas geschieht, weil es die Antwort ja schon kennt. Wenn wir alles wissen, verlieren wir unsere Neugier und jedes Interesse. Die Welt wäre für uns fürchterlich langweilig. Es gäbe nichts worüber wir uns wundern, worüber wir staunen können. Noch schlimmer: wir würden in absolute Lethargie verfallen, denn wir würden bei allem, was wir tun, schon vorher wissen, was dabei herauskommt. Da alles mit Notwendigkeit geschieht und da wir nichts daran ändern können, ist es überflüssig, überhaupt irgendetwas zu tun.

Der Landvermesser K. - die Hauptfigur im Roman „Das Schloß" von Franz Kafka - kommt neu in eine Gegend und will unbedingt ins Schloß. Alle Menschen, die dort schon lange wohnen und sich auskennen, sagen ihm, dass es unmöglich ist, ins Schloß zu kommen. Er versucht es trotzdem und lässt sich von denen, die sich in ihr vermeintliches Schicksal fügen, nicht abhalten. Im vierten Kapitel - noch am Anfang seiner Bemühungen - sagt K.: „Es hat doch auch den Vorteil, dass der Unwissende mehr wagt."

Wahrscheinlich wäre die Menschheit längst ausgestorben, wenn der Tod das Wissen und die Erfahrung der Alten nicht immer wieder auslöschen würde und wenn die Geburt neuer Kinder, die noch nichts wissen, die Chance zu neuen Erfahrungen, anderen Bewertungen und neuen Entwicklungen geben würde. Nur die Unwissenden besitzen Mut und Tatkraft, sie träumen, machen Pläne, sie wollen etwas erreichen, die Welt gestalten, sie stürzen sich in Abenteuer, setzen sich über alle Ratschläge hinweg und belächeln die kraftlosen, langsamen und vorsichtigen Alten. Sie wagen Dinge von größter Tagweite: sie verlieben sich, sie heiraten, sie zeugen Kinder. Ja, was macht man in jungen Jahren nicht alles für verrückte Sachen, was probiert man nicht alles aus? Wir sind zeitweise weder für uns selbst berechenbar noch für andere. Unkontrolliert lassen wir uns zu Handlungen hinreißen, über die wir uns hinterher selber wundern. Das eben ist der Nachteil der Unwissenheit: wir machen Fehler, wir begehen Handlungen, für die wir uns später grenzenlos schämen, die wir am liebsten ungeschehen machen würden und bei deren Erwähnung wir sofort im Boden versinken möchten. Du weißt, worüber ich spreche. Wer Fehler macht, ist deswegen noch kein schlechter Mensch. Das sind wir nur dann, wenn wir so eiskalt und abgebrüht wären, das Verkehrte in unseren Handlungen nicht zu erkennen oder trotzig als richtig hinzustellen.

So wie wir Fehler machen und diese bereuen, machen auch andere Menschen Fehler; und so wie wir durch Einsicht lernen und uns bessern können, müssen wir auch anderen Menschen die Möglichkeit geben, sich zu verändern. Den Stab über jemanden zu brechen und ihn endgültig und auf ewig zu verdammen, ist eine unbillige Härte, die nur in den seltensten Fällen wirklich angebracht ist. Worauf es ankommt, hat Seneca im 34. Brief an Lucilius formuliert: Wichtig ist die geistige Haltung. „Daher ist ein großer Teil des guten Charakters, gut werden zu wollen." Gib all diesen Menschen durch Nachsicht eine Chance, verzeih ihnen, genau so wie du sicherlich möchtest, dass dir nach einem Fehler die Wege zu einem neuen Anfang nicht verbaut werden.

Ungern, aber schmerzvoll deutlich erinnere ich mich an zwei schwere Vergehen aus meiner Jugendzeit. Es muss in der 9. Klasse gewesen sein, damals war ich fünfzehn und unsterblich in ein Mädchen aus der Nachbarklasse verliebt. Sie hieß Sabine A., wir saßen zusammen im Musikkurs und ich hatte den Eindruck, dass sie mich ebenfalls gern mochte. Gott sei Dank hielt mich meine Schüchternheit davon ab, ihr Liebesbriefe zu schreiben oder sie ins Kino einzuladen. Das wäre sehr peinlich geworden, denn wenn wir miteinander sprachen, interessierte sie sich hauptsächlich für Nils, einem Jungen aus meiner Klasse, mit dem ich befreundet war. Solange sie in Nils verliebt war, hatte ich bei ihr keine Chance. Deshalb musste ich etwas tun. Als ich einmal bei Nils zuhause war, stahl ich ein Foto von ihm, das ich in der Federtasche eines Mädchens aus meiner Klasse deponierte. Auf die Rückseite malte ich ein Herz und schrieb dazu: „In Liebe, dein Nils". Natürlich gab ich Sabine den gut gemeinten Rat, sich auf Nils keine Hoffnungen zu machen, denn er würde eine andere lieben, die sogar ein Foto von ihm erhalten hat, das sie in ihrer Federtasche bei sich trüge. Ich verschaffte Sabine die Gelegenheit in einer Pause, die Tasche des Mädchens zu durchsuchen und das Bild zu entdecken. Ich hatte nicht damit gerechnet, dass Sabine das andere Mädchen auf das Foto ansprechen würde. Noch weniger hatte ich damit gerechnet, dass beide Mädchen zusammen Nils zur Rede stellen würden, der ihnen erklärte, dass er das Foto auf keinen Fall in die Federtasche gelegt habe. Da habe sich jemand einen üblen Scherz erlaubt. Es sei deutlich zu erkennen, dass seine Unterschrift gefälscht wurde. Die Drei kamen sehr schnell auf mich als möglichen Täter. Natürlich habe ich damals alles heftig abgestritten, sie konnten mir ja nichts beweisen. Verdächtig blieb ich trotzdem. Mit dieser Intrige habe ich am Ende das Gegenteil von dem erreicht, was ich wollte. Sabine ging auf Distanz und beachtete mich überhaupt nicht mehr. Das war meine Strafe. Sie schien allerdings auch Nils seitdem mit Misstrauen zu begegnen. Die beiden kamen nicht zusammen. In jedem Fall habe ich mit böser Absicht in das Leben von zwei Menschen eingegriffen und dabei die Erfahrung gemacht, die schon der weise Volksmund so plastisch formuliert: „Wer anderen eine Grube gräbt, fällt selbst hinein."

In einem anderen Fall, einige Jahre später, war es nicht Eifersucht, sondern Rachsucht, die mich zu einer hässlichen Tat antrieb. Im ersten Lehrjahr meiner Ausbildung zum Gärtner hatte ich sehr unter den Grausamkeiten von Nico M. zu leiden, einem sadistisch veranlagten Jungen im zweiten Lehrjahr, der es liebte, mich, den unerfahrenen Neuling unentwegt zu triezen, zu drangsalieren, herumzukommandieren und vor anderen zu blamieren. Alle dreckigen und schweren Aufgaben, die eigentlich er ausführen sollte, musste ich für ihn erledigen, während er gemütlich hinter den Gewächshäusern eine Zigarette rauchte. Dieser gemeine und ungehobelte Fiesling war zugleich ein Großkotz und Wichtigtuer. Besondere Freude bereitet es ihm, mich als Schwächling dazustellen, um so mehr als ich im Gegensatz zu ihm als Gymnasiast und Lateinschüler keine Probleme damit hatte, mir die botanischen Namen der Pflanzen und Bäume zu merken. Gymnokladus dioicus, Gleditsia triacanthos, Metasequoia glybtostroboides - das waren nur drei von zweitausend Begriffen, die wir zu Prüfung beherrschen mussten. Die älteren Gesellen stellten sich taub, wenn ich mich über die Grausamkeiten von Nico beklagte. „Lehrjahre sind keine Herrenjahre. Da mussten wir früher auch durch", bekam ich von ihnen zu hören. So beschwerte ich mich eines Tages beim Chef, der Nico sofort holte und darauf ansprach. Nico entpuppte sich als Unschuldsengel und als geschmeidiger Schleimer, der alle Vorwürfe devot zurückwies und seine Bemühungen für das Wohl der Firma herausstellte. Am Ende stand ich als Verlierer da, als fauler, unfähiger und renitenter Neuling, den man zu nichts gebrauchen konnte. Damit nicht genug. Als wir wieder alleine waren, rächte er sich für meine Beschwerde, indem er mich in den Schwitzkasten nahm und mehrfach meinen Kopf in die Regenwassertonne tauchte. Unter Androhung noch größerer Gewalttaten musste ich versprechen, den Mund zu halten.

Was sollte ich dagegen tun? Ich überlegte lange hin und her, dann kam mir diese geniale wie gemeine Idee. Die zwei unantastbaren Heiligtümer eines Gärtners sind sein Spaten und die Hippe, ein zusammenklapp-

43

bares, leicht gebogenes, sehr scharfes Messer, das zum Beschneiden von Pflanzen verwendet wird. Ich entwendete die Hippe vom Altgesellen Fiete, die er einen Moment lang unbeaufsichtigt im Okulierraum liegengelassen hatte und versteckte sie im nicht abgeschlossenen Spind von Nico. Als Fiete zurück kam und den Diebstahl bemerkte war der Teufel los. Alle Mitarbeiter der Baumschule mussten sich im Pausenraum versammeln, sie mussten die Taschen leeren und wurden von Fiete höchstpersönlich abgeklopft. Die Lehrlinge zuerst. Da die Hippe bei niemandem gefunden wurde, nahm Fiete sich die Schränke vor - und da lag seine Hippe im Spind von Nico, der beteuerte, dass er die Hippe nicht geklaut habe und dass er niemals wagen würde, so etwas zu tun. Es half nichts. Nico bekam eine schriftliche Abmahnung vom Chef, und er unterstand fortan der ständigen Beobachtung und Weisung von Fiete, der ihn zur Strafe im Dreck schuften ließ, so wie es Nico mit mir vorher getan hatte. Und irgendwann abseits hinter den Gewächshäusern wird er wohl auch eine deftige Abreibung von Fiete bekommen haben. Ich muss gestehen, dass ich diese gemeine, hinterhältige Aktion von mir bis heute nicht bereut habe, schließlich konnte ich mich auf diese Weise erfolgreich aus der Unterdrückung befreien.

Charline, ich weiß, was du jetzt denkst, und ich sehe dein triumphierendes Lächeln. Siehst du, wirst du zu mir sagen, du predigst uns immer wieder Regeln, dabei schaffst du es nicht einmal, dich an deine eigenen Regeln zu halten. Man soll Gleiches nicht mit Gleichem vergelten, man darf auf ein übles Verhalten nicht mit demselben üblen Verhalten reagieren, weil man dann selbst nicht besser ist als der andere. Man trägt dann dazu bei, dass die Gewalt eskaliert. Wenn ein Kind einem anderen etwas wegnimmt, wenn es ein anderes Kind beleidigt oder schlägt, möchtet ihr friedliebenden Pädagogen, dass das andere Kind nicht zurückschlägt, sondern euch als höhere Instanz anruft, damit ihr richtet und eine Strafe verhängt. Aber in Wirklichkeit ist es doch oft besser, dass die Betroffenen sofort reagieren und dem Täter durch ihre Reaktion zeigen, dass er eine Grenze überschritten hat und dass sie sein Verhalten nicht akzeptieren. Auf einen groben Klotz gehört ein grober Keil. Wer eine Verfehlung begeht, muss sofort und drastisch einen Dämpfer erhalten, damit er zukünftig davon ablässt.

Ich könnte zu meiner Entschuldigung anfuhren, dass ich mich in einer Notlage befand und dass ich mir nicht anders zu helfen wusste. Ich habe mein Ziel erreicht ohne einen größeren Schaden anzurichten. Nico bestand die Prüfung und arbeitet noch heute als Geselle im Garten- und Landschaftsbau. Seinen Charakter konnte auch Fiete nicht ändern. Nico ist so fies und sadistisch geblieben, wie er vorher war. Aber was wäre passiert, wenn er wegen des „Diebstahls" aus der Lehre geflogen wäre? Dann hätte ich möglicherweise durch meine Aktion seine Zukunft und sein Leben zerstört. Auch das gehört zu unserer Unwissenheit: wir haben keine Ahnung davon, was wir durch unser Handeln auslösen, welche weit reichenden Folgen unser Handeln haben kann und haben wird. Wir müssen uns bewusst machen, dass wir täglich durch das, was wir tun, ins Weltgeschehen eingreifen, alleine schon durch unseren Körper, der Raum einnimmt, durch unsere Bewegungen und durch die bewussten wie unbewussten Ziele, die wir handelnd verfolgen. In der

Regel scheint unser Alltagsleben keine besonderen Auswirkungen zu haben. Doch wissen wir das so genau? Wir wissen gar nichts.

Die beiden „kleinen" Verfehlungen werfen viele Fragen auf: Ist es besser, sich ins Schicksal zu fügen und die Verhältnisse zu ertragen oder sollen wir aufbegehren, kämpfen und versuchen, etwas zu ändern? Dürfen wir uns für etwas rächen, das uns angetan wurde? Dürfen wir Selbstjustiz üben? Dürfen wir alle Mittel, die es gibt, anwenden, um ein Ziel zu erreichen, das wir als gut ansehen? Dürfen wir einen grausamen Diktator ermorden? Dürfen Regierungen einen Krieg anfangen, um einen Krieg zu verhindern oder zu beenden? Darf man Gewalt mit Gewalt bekämpfen? Wie sollen wir Handlungen beurteilen, wenn wir die Folgen nicht kennen?

Noch eine entscheidende Frage drängt sich auf: Hätte ich jemals anders handeln können? Können wir überhaupt jemals etwas anderes tun, als das, was wir tun? Wenn ich z.B. gewusst hätte, dass sich meine Chancen bei Sabine durch meine Intrige verschlechtern, hätte ich bestimmt anders gehandelt. Aber da ich das vorher nicht wusste, hätte ich in genau derselben Situation, d.h. unter den gleichen Bedingungen, immer dasselbe getan. Denk einmal darüber nach, ob du jemals die Möglichkeit hattest, dich frei für A oder gegen A zu entscheiden, ob es eine Handlung gibt, die du tun konntest und gleichzeitig nicht tun konntest.

4. Brief:
Über die Unfreiheit des Willens

Liebe Charline,
der folgende Brief ist lang und nicht ganz einfach zu verstehen. Die meisten Menschen würden den Text nach drei Sätzen beiseite legen, weil ihnen das Lesen zu mühsam erscheint. Man geht intellektuellen Schwierigkeiten gerne aus dem Weg, weil man nicht gelernt hat, damit umzugehen. Ich empfehle dir daher folgendes: Lies den Text einmal ganz durch und übergehe dabei alles, was du nicht verstehst. Lies einfach weiter. Am Ende hat dein Gehirn schon einen Überblick und eine Ahnung, worum es insgesamt geht.

Lass dein Gehirn zwei oder drei Nächte arbeiten. Wenn das Gehirn vor ein Problem gestellt wird, sucht es - ohne das du es merkst - nach Lösungen, indem es neue Nervenbahnen anlegt. Das braucht Zeit. Dann lies den Text nach zwei, drei Tagen noch einmal. Du wirst merken, dass du schon viel mehr begreifst. Gönne dir anschließend eine lange Pause, vielleicht eine Woche, vielleicht zwei, bevor du alles noch einmal liest. Manchmal ist es hilfreich, sich an einzelnen Absätzen ein Stichwort über den Inhalt zu notieren, z.B. „Thema: Strafe", oder „Beispiel: Rauchen". Ebenso hilfreich ist es, sich wichtige Begriffe und Aussagen oder Behauptungen zu unterstreichen.

Am Ende des letzten Briefes, den ich dir schrieb, stand die Frage, ob wir jemals unter denselben Umständen etwas anderes hätten tun können als das, was wir getan haben. Diese Frage beschäftigt die Menschheit schon seit Jahrtausenden - und sie scheint nicht leicht zu beantworten zu sein. Deshalb müssen wir einige Überlegungen anstellen, das Problem genau beschreiben und mögliche Erklärungen finden. Das machen wir durch Vorgänge in unserem Gehirn, die wir Gedanken nennen, mit denen wir Vorstellungen von dem bilden, was es gibt, aber auch von dem, was es geben könnte. Es sind Vorstellungen im Kopf, Theorien, die alles tatsächlich Gegebene erfassen und darüber hinaus alles, was möglich wäre. Einige Menschen besitzen keine Phantasie, sie kleben an der Wirklichkeit. Wenn man sich aber niemals vorstellen kann, dass alles ganz anders sein könnte, kann man sich auch nicht entscheiden. Es gibt dann keine Wahl, sondern nur genau das, was man sagt oder tut. Ohne Phantasie, ohne Vorstellungsvermögen gibt es keine Freiheit.

Nun, wenn wir uns etwas anderes vorstellen können, dann könnten wir theoretisch auch etwas anderes tun, es sei denn, die äußeren Umstände verhindern die Ausführung. Vieles von dem, was wir uns vorstellen, ist praktisch unmöglich. Wir können nicht in diesem Moment, in dem wir uns in Hamburg befinden, in New York sein; wir können auch nicht eine andere Person sein, wir können keine 250 kg heben oder mittels eines Hexenspruchs den Bruder in ein kleines Hängebauchschwein verwandeln. Wir können leider nicht alles tun, was wir möchten.

Wenn es aber machbar wäre, etwas anderes zu tun, weil es keine äußeren Zwänge gibt, die uns daran hindern würden, dann besitzen wir schon einmal Handlungsfreiheit. Nichts hätte uns daran gehindert, zuhause zu bleiben anstatt ins Kino zu gehen. Beide Entscheidungen wären praktisch durchführbar gewesen.

Die entscheidende Frage ist aber, ob wir uns tatsächlich anders hätten entscheiden können, weil wir etwas anderes wollen konnten. Es ist das berühmte Problem der Willensfreiheit, das Philosophen, Theologen und Juristen immer wieder beschäftigt, weil von der Antwort die Schuldfähigkeit des Menschen abhängt. Wenn der Mensch sich nicht anders entscheiden kann und nichts anderes wollen kann, dann kann er für sein Handeln nicht verantwortlich gemacht werden, weder für seine vorbildlichen Taten noch für seine unmoralischen oder ungesetzlichen Handlungen. Jemand, der nichts anderes tun konnte, weil er nichts anderes wollen konnte, können wir nicht verantwortlich machen. Wir können ihn daher auch nicht bestrafen, weil alle Menschen grundsätzlich unzurechnungsfähig sind. Dieses hat auch schon Augustinus in seiner Schrift „Vom Freien Willen" festgestellt. „Wie könnte ferner die Verdammung der Sünden und Ehrung der Guttaten als Gerechtigkeit gepriesen werden, wenn der Mensch keine freie Willensentscheidung hätte? (…) Strafe und Belohnungen wären ungerecht, wenn der Mensch keinen freien Willen hätte." (Buch 2,I).

Wie viel von dem, was wir denken, sagen und tun, können wir bewusst durch unseren eigenen Willen steuern und kontrollieren?

Diese Frage können wir zunächst relativ einfach anhand unserer eigenen Erfahrungen beantworten. Es gibt Menschen, die plappern drauflos, sie reden wie ihnen der Schnabel gewachsen ist, mischen sich sofort überall ein und können den Mund nicht halten. Das beste Beispiel dafür ist Aylin. Wie oft ist auch dir ein „Halts Maul" herausgerutscht, obwohl du weißt, dass diese Ausdrucksweise primitiv und unerwünscht ist? Du kannst dich aber bestimmt auch an Situationen erinnern, in denen du dich gerade rechtzeitig selbst gestoppt hast. Also ist es dem Menschen möglich, spontane Reaktionen zu unterbrechen und sich bewusst gegen Sätze und gegen seine Handlungen zu entscheiden. Wir können uns also in irgendeiner Form selbst beeinflussen, anscheinend hauptsächlich durch unser Denken und durch die Verzögerung von normalerweise automatisch ablaufenden Handlungen und Sprechakten.

Merkwürdigerweise handeln wir oft ganz anders als wir wollen. „Ich will das Rauchen aufgeben, ich bin fest entschlossen, mich von meinem Freund oder meiner Freundin zu trennen, ich habe die Absicht, jeden Tag eine Stunde joggen zu gehen, ich will mein Zimmer aufräumen." Diese Willensbekundungen sind als Gedanken in unserem Kopf und als ausgesprochene Worte anscheinend nur Absichtserklärungen. Ob wir sie jemals in die Tat umsetzen, hängt nicht allein von unserem Willen ab. Man hat Menschen, die nicht das tun, was sie sagen, als willensschwach bezeichnet. Dieses Wort erklärt aber überhaupt nichts. Warum können manche Menschen nicht das tun, was sie wollen, während es anderen fast immer gelingt?

Die Erklärung für dieses Phänomen der „Willensschwäche" ist ganz einfach: Unser Handeln, das, was wir tun, wird bestimmt durch Vorgänge in unserem Gehirn, von denen uns einige wenige in Form von Gedanken bewusst sind. Gedanken sind nur wie ein auf dem Meer treibender Korken, der vom Wind in die eine Richtung, von tiefen Unterströmungen aber in eine ganz andere Richtung getragen wird. In die Gedanken fließen Träume, Wünsche und Hoffnungen ein, ebenso wie eigene Erfahrungen und die Erwartungen von anderen. Das, was uns bewusst ist, ist nur ein verschwindend geringer Teil der gesamten Hirnprozesse. Die 6 Millionen Neuronen unseres Gehirns stehen in einem ständigen Austausch, sie versenden unter sich 50 Millionen Nachrichten in Form von elektrischen Impulsen pro Sekunde - eine unvorstellbare Aktivität, die wir niemals erfassen können. Die Funktionsweise des Gehirns ist uns heute noch weitgehend unbekannt, du kannst aber anhand eines Vergleichs ungefähr erahnen, wie sich hochkomplexe Vorgänge abspielen. Beim Billard ist es schon schwierig, den Lauf einer Kugel präzise zu berechnen. Wenn der Stoß mit dem Queue zu schwach ist, kommt die Kugel nicht ans Ziel. Wenn die weiße Kugel nur einen Millimeter zu weit rechts oder links auf die schwarze Kugel trifft, läuft die Kugel nicht ins Loch. Liegen weitere Kugeln auf dem Tisch, behindern diese oft den geraden Weg. Nun stell dir vor, dass diese anderen Kugeln sich in Bewegung befinden, und zwar mit unterschiedlichen Richtungen und unterschiedlichen Geschwindigkeiten - und dann stell dir vor, dieses Gehirnbillard wird nicht nur auf einer glatten Fläche, sondern dreidimensional in einem Raum gespielt. Du kannst zwar sagen, wo sich deine Kugel am Anfang befindet und welches Ziel sie hat (was sie will), aber ob sie in diesem Wirrwarr von Kräften jemals dort ankommen wird - wer könnte das berechnen und vorhersagen?

Ich vermute, dass ein großer Teil der Widersprüche und Probleme, die sich bei der „Willensfreiheit" ergeben, entstehen, weil der Begriff des Willens zu falschen Vorstellungen fuhrt. Das Wort suggeriert, dass wir einen Willen haben und dass dieser in einer sehr starken Kraft in unserem Inneren besteht. „Ich will, ich will, ich will...", schon bei kleinen Kindern verbinden wir mit diesem Ausdruck eine feste Entschlossenheit. Wie viel Kraft hinter dem Willen steht, erleben wir dann, wenn die Kinder ihren Willen nicht bekommen. Sie schreien, werfen sich auf den Boden und schlagen um sich. Dieser Wille unterscheidet sich von den Absichten, die Erwachsene äußern, wenn sie z.B. sagen „ich will mit dem Rauchen aufhören". Der Unterschied scheint hauptsächlich in der Intensität des Wunsches zu bestehen. Der Kinderwille gibt uns einen Hinweis auf den Ursprung dessen, was wir Willen nennen: er ist identisch mit einem Verlangen des Körpers, das zusätzlich noch sprachlich ausgedrückt wird. Der Wille ist ein von unserem gesamten Körper festgestelltes Bedürfnis, das zu eindeutig gerichteten Handlungen führt. Insofern kann man sagen, dass alles, was wir tun, unserem Willen entspringt und entspricht. Wir können die Vielzahl der Ursachen, der wirkenden Kräfte in unserem Körper nicht genau benennen, die zu unseren Handlungen führen, deswegen greifen wir zu einem Platzhalter-Wort. Der „Wille" existiert nicht, sondern nur eine aus einer Vielzahl von Kräften resultierenden Bewegung. Der „Wille" ist daher identisch mit dem, was wir tatsächlich tun. Der „Wille" ist ein tautologischer und daher überflüssiger Begriff.

Davon zu unterscheiden ist der Wille der zweiten Art. Wir verwenden den Begriff ebenso oft für Absichten, die wir uns denken oder aussprechen. Wir formulieren unsere Ziele und Wünsche, bekräftigen sie durch Argumente und überlegen uns die Mittel und Wege, um diese Ziele zu erreichen. In gedanklicher oder sprachlicher Form treten uns unsere Absichten ins Bewusstsein. Wir können zu den Gedanken und Aussagen Stellung nehmen, wir können sie als richtig oder falsch beurteilen. Diese beiden zusammenhängenden Fähigkeiten -Bewusstsein und Urteilsvermögen - unterscheiden den Menschen vom Tier, das nur instinktiv und reflexartig agiert und reagiert, während der Mensch darüber hinaus bewusste Handlungen ausfuhren kann, indem er mögliche Handlungen zuerst in Gedanken formuliert, durchspielt und bewertet, bevor es sie ausfuhrt oder unterlässt.

Offensichtlich besitzt der Mensch im Vergleich mit den Tieren so etwas wie Willensfreiheit, weil er grundsätzlich immer mindestens zwischen zwei Möglichkeiten wählen kann, nämlich zwischen richtig und falsch, zwischen Ja oder Nein. Er kann sich also anscheinend bewusst für eine Möglichkeit entscheiden und dann entsprechend handeln. Auf die an ihn selbst gerichtete Frage: „Willst du mit dem Rauchen aufhören?" kann er Ja oder Nein sagen. Er könnte darüber hinaus unentschlossen bleiben und die Position der Indifferenz, der Unentschiedenheit einnehmen.

Solange wie wir die Entscheidungen nur in Gedanken durchspielen, bleibt alles nur eine unverbindliche Theorie, ohne die geringsten Auswirkungen auf unser Handeln. Gehirnforscher haben herausgefunden, dass die vom Gehirn ausgehenden elektrischen Impulse, die z.B. dazu führen, dass wir die linke Hand heben, ausgelöst wurden, bevor wir uns bewusst entscheiden: ich will jetzt die linke Hand heben. Normalerweise glauben wir, dass wir uns erst bewusst entscheiden und dann die Handlung ausführen - in Wirklichkeit ist es genau umgekehrt. Der Körper hat die entsprechende Handlung schon begonnen, und erst Millisekunden später gibt ein Teil des Gehirn an einen anderen Teil des Gehirns die Meldung: ich hebe jetzt den linken Arm. Uns erscheint es dann so, als ob wir uns genau zu dieser Handlung entschieden hätten.

Wir täuschen uns selbst. Unser Wille ist nicht das, was wir uns denkend und bewusst zum Ziel gesetzt haben, sondern das, was wir tun. Das Tun wird verursacht durch Prozesse im Gehirn, und diese verursachen und bestimmen letztlich auch das, was wir denken - daher ist unser „Wille" niemals frei.

Man könnte die „Willenfreiheit" vielleicht noch in einer abgeschwächten Form retten, indem man feststellt, dass unser Denken, unsere Überlegungen und die Schlussfolgerungen, zu denen wir kommen, eine Kraft sind, die unser Handeln beeinflussen kann. Sie sind nicht die einzige Kraft, die unser Handeln bestimmt, aber sie wirken mit. Diese Annahme entspricht unserer Erfahrung und ist anscheinend unproblematisch.

Wenn wir den „Willen" mit unseren Gedanken gleichsetzen, dann stellt sich die Frage, ob wir frei denken können. Wie kommen unsere Gedanken zustande? Unser Denken beruht im Wesentlichen auf drei Bestandteilen: der Sprache, der Logik, sowie Erfahrung und Wissen. Schon auf den ersten Blick lässt sich erkennen, dass wir nicht beliebige Dinge denken können. Wenn wir uns in Gedanken für oder gegen eine Aussage entscheiden, gibt es dafür Ursachen im Gehirn. Nicht alle sind uns bewusst, aber einige erscheinen uns in Form von Gründen, die wir für die Entscheidung anführen. Sehen wir uns eine einfache Gedankenfolge an: „Rauchen schädigt die Gesundheit". Die drei Worte (Rauchen, schädigen und Gesundheit) sind uns bekannt, wir wissen, was sie bezeichnen und wir können davon ausgehen, dass die Worte von allen Menschen einigermaßen gleich verwendet und verstanden werden. Die meisten Menschen würden der Aussage wahrscheinlich zustimmen. Besonders überzeugt von der Wahrheit werden diejenigen sein, bei denen rauchende Familienangehörige an Lungenkrebs gestorben sind. Ein Gesundheitsstatistiker würde die Aussage durch ein „aber" relativieren. „Aber in Wohngebieten, die in der Windrichtung von Industriegebieten mit hohen Abgas- und Schadstoffbelastungen leben, sterben erheblich mehr Menschen an Lungenkrebs als im Durchschnitt oder als in ländlichen Regionen." Diese beiden Menschen würden wahrscheinlich ganz andere Schlussfolgerungen ziehen: wenn man seine Gesundheit erhalten will, sollte man a) nicht rauchen oder b) in erster Linie Gegenden mit hoher Schadstoffbelastung meiden. Ein notorischer Raucher würde sogar bestrebt sein, ganz anders zu argumentieren. „Wer seine Gesundheit erhalten will, sollte nicht rauchen, aber das Rauchen entspannt mich, es beruhigt meine Nerven, und da man ohnehin nicht alle Gefährdungen des Lebens ausschließen kann, nehme ich die Verkürzung meines Lebens in Kauf.." Ein Gesundheitsfanatiker und Nichtraucher könnte diese Gedanken nicht nachvollziehen. Die Menschen besitzen unterschiedliche Erfahrungen, eine unterschiedliche Erziehung, unterschiedliche Werte und oft noch ein unterschiedliches Sprachvermögen - also denken sie unterschiedlich. Das zu korrigieren steht nicht in ihrer Macht. Selbst wenn jemand behauptet: Die Schlussfolgerung ist richtig und eigentlich müssten wir ihr zustimmen, aber ich will jetzt genau das Gegenteil tun, einfach so, weil ich es will", dann gibt es Ursachen für diesen Trotz. Vielleicht ist es ein Philosoph, der durch die Verweigerung seine Willensfreiheit beweisen will. Dieses Motiv ist die Ursache für seine Entscheidung - und das einzige, was der Philosoph bewiesen hat, ist die Abhängigkeit seiner Gedanken von seinen bewussten oder unbewussten Wünschen. Selbstverständlich gibt es universell geltende Regeln der Logik, die ebenfalls eine Grundlage von Denkprozessen bilden. Wenn a = b und b = c ist, dann ist a auch gleich c. Das Transitivitätsgesetz gilt unabhängig vom Inhalt. Wenn Rauchen die Gesundheit schädigt und wenn ich gesund bleiben will, dann darf ich nicht rauchen. Aber ob wir den einzelnen Aussagen zustimmen, den so genannten Prämissen, hängt von unseren Erfahrungen und Bewertungen ab, die sich in unserem Gehirn befinden. Sie bestimmen unser Denken.

Welche Schlussfolgerungen ergeben sich aus den bisherigen Überlegungen? Wir haben festgestellt, dass es keine absolute Willensfreiheit gibt, aber die Kräfte und Faktoren, die unsere Ziele und unsere Entscheidungen bestimmen, lassen sich durch die Erweiterung unseres Wissens, unseres Bewusstseins und unserer Erfahrungen verändern. Der Anstoß zu diesen Veränderungen kann (I) von uns selbst kommen oder (II) von außen. Wenn du dich aus dir selbst heraus weiter entwickeln willst, musst du 1. dich selbst beobachten und 2. alles beobachten, was auf dieser Welt geschieht. Du musst bereit sein, zu lernen, du musst neugierig sein und dich für alles interessieren, für das Weltall genau so wie für Ameisen, für das Funktionieren eines Motors genau so wie für Politik, für die Herstellung einer Pizza genauso wie für Physik und Chemie, für Musik, Literatur und Geschichte. Es geht nicht darum, die Fachleute, die sich auf ein Gebiet konzentrieren, in ihrem Wissen zu übertreffen. Es geht in erster Linie darum, einen Überblick zu bekommen, damit man die Welt aus vielen Blickwinkeln betrachten kann, nicht einseitig aus einer einzigen Perspektive. Die meisten Menschen denken und urteilen engstirnig und eingleisig. Es ist manchmal für einen Unbeteiligten völlig unverständlich, mit welcher Besessenheit sich Spezialisten um ein winziges Detail streiten. Trotzdem darf man auch als Generalist, d.h. als Mensch, der in großen Zusammenhängen denkt, die konkreten Umstände nie außer Acht lassen. Unsere Theorien, Urteile und Pläne können Details, Fakten und Tatsachen nicht übergehen, sie müssen mit ihnen übereinstimmen und einer genauen Prüfung standhalten.

Die Aneignung von Wissen über die Welt ist nur ein Teil, durch den wir in die Lage versetzt werden, unsere Denk- und Handlungsmöglichkeiten zu erweitern. Ebenso wichtig ist es, Erfahrungen zu sammeln. Damit beginnen wir schon am ersten Tag unseres Lebens. Wenn wir als Baby die Mutter anlächeln, bekommen wir ein Lächeln zurück. Wenn wir später im Krabbelalter die Schubladen der Schränke aufreißen, merken wir an den Reaktionen der Eltern, dass wir das nicht tun sollen. Wir empfangen ständig Eindrücke durch unsere Sinnesorgane und lernen etwas über die Wirklichkeit. Wir müssen nur ein einziges Mal gegen eine Wand stoßen, um festzustellen, dass wir dort nicht durchgehen können. Die Gesamtheit der unzähligen kleinen und großen Erfahrungen bildet unsere Persönlichkeit. Eine nicht unerhebliche Zeitspanne unseres Lebens verbringen wir damit, herauszufinden, wo die Grenzen unserer Möglichkeiten liegen. Im Jugendalter erreicht die aktive Suche nach extremen Herausforderungen ihren Höhepunkt. Das aktive Handeln birgt immer ein Risiko: wir können erfolgreich sein oder scheitern. Menschen, die häufiger merken mussten, dass sie die Aufgaben, die ihnen gestellt wurden oder die sie sich selbst gestellt haben, nicht bewältigen konnten, neigen zur Ängstlichkeit und zur Vorsicht. Es gibt jedoch keinen Grund, immer nur kleine Brötchen zu backen. Sicherlich, wer große Pläne hat und hohe Ziele verfolgt, wird möglicherweise große Enttäuschungen erleben, aber wäre unser Leben nicht vergeudet, wenn wir nicht versuchen, das Äußerste und Höchste zu erreichen? Gib dich nie vorschnell zufrieden, stelle an dich die höchsten Ansprüche. Lerne aus den Misserfolgen und nehme sie als Ansporn für einen weiteren Anlauf.

Die Menschheit liegt aufgrund ihrer biologischen Veranlagung sehr viel Wert auf außerordentliche körperliche Leistungen. Die Weltrekorde im Guinnessbuch zeigen eindrucksvoll, was Menschen alles bei hartem Training und sorgfältiger Vorbereitung tun können. Im Einzelnen mögen diese Versuche keinen Sinn ergeben. Wir lernen an diesen Leistungen, dass wir die Grenzen der Handlungsmöglichkeiten durch die Verbesserung unserer Fähigkeiten ausweiten können. Das gilt auch für unsere geistigen Fähigkeiten, die für unser Handeln viel wichtiger sind als die körperlichen Kräfte. Denken ist anstrengend, unser Gehirn verbraucht von allen Organen nicht ohne Grund die meiste Energie. Ich wurde oft belächelt, weil ich so viel Wert auf ein ausgiebiges Frühstück lege. Diese Mahlzeit ist für mich unverzichtbar, ein geheiligtes Ritual, die Grundlage für Konzentration und Kreativität.

Im Guinnessbuch finden sich auch Menschen mit außergewöhnlichen geistigen Fähigkeiten, sie können in Sekundenschnelle die Ergebnisse von achtstelligen Multiplikationen nennen oder sie speichern mit ihrem photographischen Gedächtnis die gesamten Einträge eines Telefonbuchs ab. Diese Fähigkeiten meine ich nicht. Beim Denken kommt e darauf an, Sachverhalte, d.h. die Welt, sich selbst und andere zu verstehen, indem wir Aussagen formulieren, überprüfen und bewerten. Denken und die Verarbeitung von neuen Erfahrungen braucht Ruhe und Zeit. Wenn wir ständig in „action" sind, werden unsere Erlebnisse nicht zu bewussten Erfahrungen. Wenn wir uns nicht regelmäßig aus dem handelnden Leben zurückziehen, um uns zu erholen, nachzudenken und Kraft zu tanken, werden wir dieselben Fehler immer wieder machen.

Je mehr wir handelnd und denkend Erfahrungen sammeln, gewinnen wir allmählich ein realistisches Bild von uns selbst und der Welt. Das ist nicht immer ein Vorteil. Eine realistische Einschätzung unserer Kräfte und Möglichkeiten kann uns vollständig lähmen und in einen depressiven Zustand versetzen. Mutlos geben wir auf, bevor wir es versucht haben. Kleine Erfolge zählen nicht, denn sie können nichts an der grundlegenden Situation ändern: unser kurzes Leben wird nie ausreichen, um alles zu erreichen, was wir uns wünschen, es wird nie ausreichen, um alles das zu tun, was man machen könnte. Es ist ein langer, schmerzlicher

Prozess, sich mit den Begrenzungen unseres Lebens abzufinden. Ich kämpfe heute noch dagegen an. Mit jeder Erfahrung, die wir machen, gehen wir einen Schritt weiter auf die „Weisheit des Alters" zu, die am Ende in nichts als einer wohlwollenden, rückwärts gerichteten Betrachtung des Lebens besteht, verbunden mit einem vollständigen Verzicht auf ein aktives Handeln. Weisheit und Defätismus liegen nahe beieinander. „Es ist ohnehin alles sinnlos - am Besten man ergibt sich ins Schicksal, man wird im Großen und Ganzen nichts ändern, und es lebt sich viel angenehmer und glücklicher, wenn man von vornherein auf alle Ziele verzichtet." Sicherlich, wer möchte nicht wunschlos glücklich sein? Aber es reicht, wenn wir diesen Zustand im Alter erreichen. Solange du noch Kraft besitzt, solltest du manchmal alles, was du gelernt hast, alle deine Erfahrungen, alle Regeln und Vorschriften vergessen und dich frisch und wagemutig in die Abenteuer des Lebens stürzen. Manchmal ist besser, Ratschläge zu ignorieren und sich über alle Warnungen hinwegzusetzen. Aber Vorsicht vor Betrügern, es gibt Menschen, die Unerfahrenheit, Gutgläubigkeit und Hilfsbereitschaft ausnutzen - aber nach dem missglückten Handy-Verkauf weißt du das ja selbst. Finanzielle Verluste sind bitter, aber nur für Übergierige und Geizige ein Weltuntergang. Du darfst dich da zu Recht über dich selbst ärgern, aber lass dich nie entmutigen und nutze deine Phantasie, um alle Beschränkungen zu durchbrechen.

Beim Nachdenken über die Willensfreiheit hat der Theologe Augustinus einen Satz formuliert, der das Problem sehr schön beschreibt: „Die nach dem Sündenfall in niedrigen und sterblichen Leibern wohnenden Seelen regieren wohl ihren Leib, doch nicht ganz nach Belieben, sondern soweit die Gesetze des Weltalts es zulassen." (Buch 3, Kap. XI) Wenn das so ist, dann muss nur noch eine Frage geklärt werden: Wenn wir grundsätzlich keine Willensfreiheit besitzen, weil selbst die Selbstbeherrschung von Ursachen abhängt, die nicht in unserer Macht stehen, dann können wir für unser Handeln nicht verantwortlich gemacht werden. Darf also niemand für das, was er getan hat, bestraft werden? Diese Schlussfolgerung ist falsch. Die Berechtigung von Strafen beruht nicht auf der Willensfreiheit, sondern auf drei Tatsachen:

1. Eine Handlung kann eindeutig einer Person zugeordnet werden.

2. Es gibt Handlungen, die von der Gesellschaft als unerwünscht eingestuft werden, weil sie andere Menschen schädigen, z.B. Mord, Körperverletzung, Diebstahl und Betrug.

3. Jemand, der derartige verbotene Handlungen begeht, kann sich selbst anscheinend nicht davon abhalten, deshalb muss die Veränderung der in diesem Menschen wirkenden Ursachen von außen geschehen.

Dem liegt die pädagogische Einsicht zugrunde, dass Erziehung im Prinzip nur durch zwei Mittel bewirkt werden kann: durch Einsicht und durch Konditionierung.

Die meisten Pädagogen und die deutschen Richter glauben an das Gute im Menschen, sie bevorzugen daher die sanfte Pädagogik, und sie setzen auf die Einsichtsfähigkeit. Konditionierung dagegen erscheint ihnen als grausam, als Verstoß gegen die Menschenwürde. Erfahrungsgemäß funktioniert die Methode der Konditionierung bei allen Lebewesen jedoch wesentlich effektiver. Konditionierung kann durch Belohnung des richtigen Verhaltens oder durch Bestrafung falschen Verhaltens geschehen. So haben Ratten ganz schnell gelernt, den grünen Knopf im Käfig zu berühren, weil sie anschließend etwas zu Essen bekamen, während ihnen bei der Berührung des roten Knopfes jedes Mal ein kleiner Stromschlag versetzt wurde. Auch Menschen lernen letztendlich durch positive und negative Erfahrungen. Was meinst du, wie schnell du dir die Unart, beim Reden ständig „und dann" zu sagen, abgewöhnen würdest, wenn ich dir dafür jedes Mal einen Klaps auf den Hinterkopf geben würde. Körperliche Züchtigung ist jedoch heute aus gutem Grund verboten. Die pädagogische Absicht schlägt allzu schnell in die Befriedigung sadistischer Neigungen um. Das Gefühl, andere körperlich oder seelisch beherrschen zu können, besitzt ein ungeheures Suchtpotential mit der Tendenz zur ständigen Erhöhung der Dosis.

In einem Fall war ich selbst erstaunt über die nachhaltige Wirkung einer etwas ungewöhnlichen Maßnahme. Die erste Auslandsreise des Jugendkellers führte uns in den damals noch existierenden sozialistischen Vielvölkerstaat Jugoslawien. Drei heiße und turbulente Wochen verbrachten wir auf einem Campingplatz in der Nähe von Porec. Zickenkrieg, Liebeskummer, unerträgliche Hitze, dann orkanartiges Gewitter, zwei Mädchen, die nachts verschwanden, um per Anhalter in die nächste Disco zu trampen, Polizei, nachdem die Spuren eines Diebstahls zu unserer Gruppe führten, Krankheiten. Am Ende der Reise lagen die Nerven bei allen blank, aber vor uns lag noch die anstrengende, nächtliche Rückreise mit dem Zug. Der erste Zug war komplett überfüllt, es war stickig und heiß. Plötzlich wurde die Notbremse gezogen, der Zug hielt mitten auf freier Strecke und wir sahen, wie ein Mädchen unserer Gruppe von zwei Schaffnern aus dem Zug getragen wurde. Das Mädchen war ohnmächtig geworden und die Schaffner weigerten sich, sie weiter mitzunehmen. Ein Krankenwagen sei verständigt. Schon gab der Schaffner das Signal zur Abfahrt. Wir konnten gerade noch eine Betreuerin bestimmen, die bei ihr bleiben sollte. Aus dem anfahrenden Zug warf ich ihr die Reisetasche, die Ausweise und ein Portemonnaie zu. Damals gab es noch keine Handys, wir alle waren in großer Sorge und konnten nur hoffen, dass wir in Ljubljana, wo wir drei Stunden auf den Anschlusszug warten mussten, Näheres in Erfahrung bringen können. Schlimmstenfalls mussten wir sie in Jugoslawien zurücklassen. Ihre besten Freunde und viele andere wollten nicht ohne sie weiterfahren. Nur leider hatten wir kein Geld mehr für neue Fahrkarten, Übernachtungen und Verpflegung, und zuhause warteten die Eltern auf die Rückkehr ihrer Kinder. Der Zug fuhr ein. In diesem Moment fing ihre beste Freundin an zu schreien und zu heulen, keiner konnte sie beruhigen. Sie bekam keine Luft mehr und war kurz vor einem totalen Zusammenbruch. Da griff ich einen Eimer Wasser, der auf dem Bahnhof stand und schüttete ihn ihr frontal ins Gesicht. Augenblicklich kam sie zu sich. Auch die anderen waren geschockt. Nach einer Minute löste sich die Spannung und die ersten fingen an zu lachen. Die Schaffner forderten uns auf, einzusteigen, und wir waren schon fast drinnen, da sauste ein alter Lada mit einem Taxischild direkt auf den Bahnsteig. Unter Jubel und Freudentränen stiegen das Mädchen und die Betreuerin aus. Wir bezahlten schnell den

Taxifahrer, und schon rollte der Zug an, der uns alle glücklich nach Hause brachte. Das Mädchen, das von mir mit Wasser überschüttet wurde, bewahrte später in anderen dramatischen Situationen immer die Ruhe und einen kühlen Kopf.

Bei Gerichtsverhandlungen werden heute die Umstände der Tat, die körperliche und geistige Verfassung des Täters, sowie seine Herkunft und Erziehung berücksichtigt. Wenn er emotional aufgeladen war und im Affekt gehandelt hat oder wenn er gewalttätige oder alkoholkranke Eltern hatte, wird ihm deshalb eine verminderte Schuldfähigkeit zugesprochen, die das Strafmaß deutlich mildert. Der Täter war ja selbst Opfer der Umstände, er konnte nichts dafür, dass er so gehandelt hat, heißt es. Aufgrund der fehlenden Willensfreiheit wären also alle Menschen grundsätzlich als unschuldig anzusehen und von verminderter Schuldfähigkeit. Da der Sinn von Strafen also nur in der Konditionierung, in der Veränderung des Verhaltens durch Anstöße von außen liegen kann, mussten diejenigen, die stark von ihrer Vergangenheit geprägt wurden oder die ihre Emotionen nicht kontrollieren können, viel härter bestraft werden als alle anderen, um eine nachhaltige Wirkung zu erzielen.

Der einzige Umstand, der das Strafmaß demnach mildern könnte, wäre die Einsicht und Reue des Täters. Leider ist es schwer feststellbar, ob es der Täter ehrlich meint und ob man den Beteuerungen Glauben schenken darf, da Reue gerne in Erwartung einer milderen Strafe vorgetäuscht wird. Gewiefte Verbrecher wissen, dass man Menschen, die sich entschuldigen, gerne verzeiht.

Der Brief ist dieses Mal lang geworden, doch beim Schreiben kommt man automatisch von einem Thema zum nächsten, weil alles mit allem in Verbindung steht. Denken ist wie das Anknipsen eines Lichtes, plötzlich wird ganz viel sichtbar, was bisher im Dunklen verborgen lag.

5. Brief:
Über Bücher

Liebe Charline,
wie hässlich und ungastlich die Welt da draußen sein kann, hast du gerade in der Woche als Austauschschülerin in Frankreich erlebt. Kurz vorher bist du beim Verkauf deines Handys betrogen worden. Die Erfahrungen, zu denen man bei der Begegnung mit anderen Menschen genötigt wird, sind selten erfreulich. Überall trifft man auf Neid, Habgier, Intoleranz, Unvernunft, Eitelkeit, Feigheit, Trägheit, Hass, Eifersucht und üble Nachrede. Dein Gerechtigkeitssinn wehrt sich dagegen, diese Dinge einfach hinzunehmen, - ein aussichtsloses Unterfangen. Es ist fast unmöglich, dagegen anzukommen. Du hast erlebt, wie machtlos wir dem hässlichen Treiben anderer Menschen ausgeliefert sind. Die Hölle kann nicht schlimmer sein als die Menschenwelt Viele empfindsame Naturen, die an das Gute und Schöne glaubten, haben sich aus Verzweiflung darüber umgebracht.

Was bleibt uns anderes übrig, als in irgendeiner Form aus dieser grausamen Menschenwelt zu flüchten? Der Ort, an dem uns keine Gefahr droht, ist unser Zuhause, unser Zimmer, unser Bett, im Allgemeinen jeder Ort, an dem wir mit uns selbst alleine sind. Das Bedürfnis nach Ruhe und Abgeschiedenheit ist bei den Menschen unterschiedlich ausgeprägt, viele halten das Alleinsein mit sich selbst nicht aus, weil sie sich weder mit sich selbst noch mit anderen Dingen längere Zeit beschäftigen können. Sie haben nie für sich die anderen Welten entdeckt, an denen wir nur als Zuschauer teilnehmen: die Welt der Bücher, der Musik und der

Natur. Neben diese drei klassischen Zufluchtsorte treten heute noch der Film und das Fernsehen, die wir jedoch ohne tiefere Anteilnahme als leichte Berieselung und Ablenkung konsumieren als eine Flut von Bildern, die an uns vorüberrauscht.

Was für ein überwältigendes Erlebnis ist dagegen der Moment, in dem wir in einer sternenklaren Nacht in den unendlichen Raum des Weltalls schauen, in dem uns ein Musikstück erfasst und durchdringt oder in dem uns ein Buch gefangen nimmt durch eine fesselnde Erzählung, die uns in unbekannte Reiche einer phantastischen Wirklichkeit entführt?

Das Abenteuer des Lesens begann bei mir im Alter von 10 Jahren mit den Geschichten von Karl May, der so glaubwürdig und überzeugend vom Wilden Westen und aus den muslimischen Wüstenreichen berichtete als wäre er dabei gewesen, als hätte er Winnetou, Old Shatterhand und Kara Ben Nemsi Effendi persönlich gekannt In gespannter Erwartung fieberte ich mit, wenn die Helden von geldgierigen und eiskalten Schurken angegriffen wurden, wenn das Gute durch Niedertracht und hinterhältiger List zu verlieren drohte. Oft konnte ich die Bücher nicht aus der Hand legen - und habe genauso wie du heimlich abends unter der Bettdecke weiter gelesen - bis zur erlösenden Wendung der Geschichte auf den letzten Seiten. Mein ganzes Taschengeld gab ich für die grünen Karl-May-Bände aus, bis sich mein Interesse auf Detektivromane von George Wyatt und Alfred Hitchcock verlagerte. Besonders tief berührte mich damals „Sigismund Rüstig". Der ehemalige Fregattenkapitän Frederick Marryat erzählt in diesem Buch die Geschichte des alten Steuermanns Sigismund Rüstig, der sich entscheidet, einem Jungen und seiner Familie zu helfen, die sich nach einem Sturm noch auf der untergehenden „Pazific" befanden, nachdem die Mannschaft das Schiff in Rettungsbooten verlassen hatte. Sigismund Rüstig steuerte den Schoner auf eine einsame Insel, die durch seine Erfahrung und Tatkraft in einen blühenden Garten verwandelt wurde. Besonders der junge William war ihm ans Herz gewachsen, und ebenso fasste der Junge eine große Zuneigung zu diesem alten Seebären, der für ihn zu einem Vorbild an Erfahrung, Weisheit, Mut und Männlichkeit wurde. Als Sigismund Rüstig nach einem Kampf mit den Eingeborenen stirbt, traten mir die Tränen in die Augen. Ich kann mich nicht erinnern, dass mich jemals ein anderes Buch so tief in Trauer und Verzweiflung gestürzt hat.

Wenn Kinder in der Schule das Lesen gelernt haben, beginnt für viele eine Phase, in der sie alle möglichen Kinder- und Jugendbücher verschlingen, Geschichten von Freundschaften, von Abenteuern, Indianern und Hexen, von Detektiven und Pferden. Seltsamerweise hört bei fast allen Kindern die Lese-Leidenschaft abrupt zwischen dem 12. und 13. Lebensjahr wieder auf. Wieso es bei mir anders war, kann ich nur vermuten. Meine Eltern haben keine Bücher gelesen, dazu fehlte ihnen die Zeit, aber es gehörte damals zum guten Ton, einer Buchgemeinschaft beizutreten, dem Bertelsmann-Lesering, bei dem man monatlich für einen geringen Betrag zwei oder drei Bücher erhielt, die man sich aus einem Katalog aussuchen konnte. Daher standen im Wohnzimmerschrank meiner Eltern zwei Dutzend ungelesene Romane, darunter „Die Blechtrommel" von Günter Grass, „Der Alte Mann und

das Meer" von Ernest Hemingway, der „Untertan"
von Heinrich Mann, „Schuld und Sühne" von Dostojewski und ein Buch von Hermann Hesse. Die bio-
graphischen Hinweise dürften mich ebenso sehr ver-
lockt haben, mehr von ihm zu lesen, wie die in allen
Buchhandlungen ausliegenden, farbigen Suhrkamp-
Taschenbücher.

Hätten meine Eltern damals geahnt, welchen Einfluss
dieser Schriftsteller auf mein Leben ausüben würde,
sie hätten mir diese Bücher verboten. Hermann Hesse veränderte und prägte mein Handeln und Denken
wie kein zweiter Mensch. Nachdem ich „Unterm Rad",
den „Demian" und „Siddharta" gelesen hatte, war ich
für die Welt verloren. Wenn mir diese Bücher nicht
in die Finger gekommen wären, wäre ich heute wahrscheinlich ein erfolgreicher Gartenbauarchitekt, der
mit einer hübschen Frau verheiratet in einer großen
Vorstadtvilla als stolzer Vater von zwei Kindern glücklich und zufrieden das Familienleben genießen würde. Von Hermann Hesse kommt man automatisch zu
Nietzsche, Schopenhauer und damit zur Philosophie,
ebenso wie zu den Dichtern der Romantik, zu Eichendorf, Novalis, Hölderlin, Stifter, E.T.A. Hoffmann, zu
Gottfried Keller und Matthias Claudius, ebenso wie
dann zu Kleist, Theodor Strom und Theodor Fontane.
Man wird wie von einem Wirbelsturm aufgesogen und
hinaufgetragen in das Universum der großen Weltliteratur, wo man durch das Sternenmeer der großen
Dichter und Denker wandelt, ihnen in ihren Werken
begegnet. Da trifft man auf Thomas Mann, Stefan
Zweig und Lion Feuchtwanger, auf Kafka, Brecht,
Tolstoi und Dostojewski, auf James Joyce, Elias Canetti, auf Homer, Platon, Aristoteles, Seneca, Plutarch,

David Hume, Descartes, Immanuel Kant, Voltaire, Diderot und Albert Camus, auf die überragenden Geistesgrößen aller Zeiten.

In der wirklichen Welt umgeben uns durchweg Menschen, die wir uns nicht ausgesucht haben: unsere Eltern, unsere Geschwister, Klassenkameraden, Arbeitskollegen, Nachbarn. Sie ziehen uns hinein in die Banalität ihres Alltags und ihrer Charakterschwächen. Manche lassen uns gleichgültig, andere empfinden wir als unerträglich, peinlich und dumm, für einige wenige entwickeln wir Zuneigung und Bewunderung. Insgesamt bilden sie unsere Lebenswelt mit dem beschränkten Horizont der Normalität, aus dem die meisten Menschen niemals in ihrem Leben herauskommen werden.

Die engen Grenzen des Gewöhnlichen sprengen wir, wenn wir uns in die Welt des Geistes begeben. Wie angenehm und frei lässt es sich in der Gesellschaft der großen Dichter und Denker leben! Sie richten uns auf, sie regen uns an. In dieser Umgebung herrschen Weisheit, Toleranz, Verständnis und Phantasie, Humor und genialer Esprit. Wir sprechen mit ihnen, sie nehmen uns ernst und erheben uns, indem sie uns an ihren Gedanken teilhaben lassen. Was brauchen wir mehr, um glücklich zu sein? Als Weg zur Bildung, zur Ruhe, zur inneren Ausgeglichenheit und zum wahren Glück rieten schon Seneca, Plutarch und andere Schriftsteller der Antike zum Rückzug aus den von niedrigen Begierden aller Art angetriebenen Geschäften, die uns keine anhaltende Befriedigung verschaffen können. Nur ein kontemplatives Leben, das sich auf die Erkenntnis der Wahrheit und der Betrachtung des Guten und Schönen richtet, angeleitet von den weisesten Menschen der Vergangenheit, könne uns zur Vollkommenheit führen.

Es ist der gefährlichste Ratschlag, den man einem jungen Menschen geben kann. Es wäre verantwortungslos von mir, dir diesen Weg zu empfehlen, denn die einzige Schlussfolgerung, die aus dem Umgang mit den großen Dichtern und Denkern zu ziehen ist - weil es das ist, was ihnen allen gemeinsam ist - wird dich überraschen: Es ist nichts anderes als die konsequente und bedingungslose Durchführung eines Satzes, den ihr seit einiger Zeit so oft gebraucht: YOLO, you only live once. Wenn wir nur ein einziges Mal leben und das auch nur für eine sehr kurze, eng begrenzte Zeit, die jeden Tag zu Ende sein könnte - dann gibt es für uns keine Gründe und Hindernisse, die uns davon abhalten könnten, alle möglich Dinge zu tun, die wir wollen. Gesetze und die viele kleinlichen Moralvorschriften können für uns keine Bedeutung haben, sie sind schon deswegen unwirksam, weil sie uns, da wir ohnehin sterben werden, völlig gleichgültig sein können. Die Natur, die Musik und die Literatur liegen jenseits der Moral. Nur die Unmittelbarkeit, die Intensität des gelebten Augenblicks zählt. „Yolo" ist die Grundlage für einen absoluten Egoismus. Im Grunde besitzen wie niemals mehr als unsere nackte Existenz - und die hat zwei Seiten: wir können alles Mögliche ausprobieren, wir können versuchen, alle Grenzen zu überschreiten, um das Höchste zu erreichen - und doch ist alles wertlos, umsonst, vergebens, sinnlos angesichts unseres Todes und dem schon eingeleiteten Untergang der Menschheit. Es wird nichts von uns nachbleiben. Wozu dann überhaupt etwas anfangen? Es ist alles gleichgültig und nutzlos. Es spielt keine Rolle, ob wir Arzt oder Straßenfeger werden, und ob wir ein guter oder ein schlechter Mensch sind.

Man hat sich oft gewundert, wieso ausgerechnet im Land der Dichter und Denker über sechs Millionen Menschen systematisch verfolgt und in reibungslos funktionierenden Vernichtungslagern umgebracht werden konnten. Es erscheint widersinnig und unerklärlich, dass eine hoch stehende Kulturnation in die niedrigste und grausamste Barbarei verfällt. Es gab KZ-Kommandanten, die sich für die Oper begeisterten, die selber Klavier oder Violine spielten und die Theateraufführungen und Konzerte veranstalteten, während sie kurz zuvor ohne mit der Wimper zu zucken wahllos einem beliebigen KZ-Häftling in den Hinterkopf schossen. Aber Kaltblütigkeit und die Verachtung des Lebens sind das Ergebnis der nihilistischen Unterströmung, die besonders das deutsche Geistesleben seit der Romantik bestimmte. Die tiefe Empfindung der eigenen Wertlosigkeit und der Nichtigkeit aller Werte, die Verzweiflung über die Orientierungslosigkeit angesichts des Todes treibt einige in den Wahnsinn, andere zu aggressiven, gewalttätigen Ausbrüchen gegen sich selbst und andere, und einige zur Verarbeitung ihrer Gefühle in Dichtungen und Musik. Die dunkle Seite des Seelenlebens entfaltet sich in Goethes „Faust", ebenso wie in Büchners „Woyzek", im gesamten Werk von Dostojewski, in Franz Schuberts „Winterreise" und in den Streichquartetten von Dimitri Schostakowitsch, in fast allen großen Werken der Weltliteratur seit dem Ende des noch lebensfrohen Barockzeitalters und dem Beginn der Moderne, der Aufklärung und des Industriezeitalters, durch das alle Bindungen, Ordnungen und Werte aufgelöst und in den Abgrund gerissen wurden. Der Aufstieg Hitlers, der Nationalsozialismus, die Eroberungskriege des III. Reiches und der Holocaust sind natürlich nicht allein durch die nihilistische Stimmung zu erklären. Weitere Faktoren, die zu diesen Entwicklungen beitrugen, waren die Niederlage im I. Weltkrieg, der als Schmach empfundene Vertrag von Versailles, die wirtschaftliche Depression mit Massenarbeitslosigkeit und existenzbedrohender Armut, eine bis ins Mittelalter zurückreichende antisemitische Grundhaltung, die Einflussnahme der Stahl- und Rüstungsindustrie, und nicht zuletzt die Hoffnung der Menschen auf eine stabile Ordnung im neu zu errichtenden 1000jährigen Reich.

Aus diesem dunklen Kapitel der deutschen Geschichte kann man nur eine Lehre ziehen: Habe Mut dich deines eigenes Verstandes zu bedienen, bleibe in kritischer Distanz zur Masse und habe den Mut „Nein" zu sagen, wenn alle anderen „Hurra" schreien, trete ein für die unveräußerlichen Rechte aller Menschen und für die Werte der Humanität, notfalls mit deinem Leben. Und doch gebe ich dir jetzt einen anderen Ratschlag:
Bleib bei der Herde, wenn du glücklich sein willst, und mache das, was alle machen. Die meisten Menschen fühlen sich wohl, wenn sie in einer Gemeinschaft leben. Einsamkeit hält niemand lange aus, nichts macht einen Menschen unglücklicher als der Ausschluss aus einer Gemeinschaft. Die Mitglieder einer Gemeinschaft teilen die grundlegenden Überzeugungen, sie gehen den gleichen Weg. Du musst dir keine großen Gedanken machen, das, was alle tun und denken, wird

schon richtig sein. Zur eigenen Befriedigung ist auch ein wenig Individualität erlaubt: eine lila Strähne im Haar, ein Strohhut, ein bisschen Rülpsen, um aufzufallen, ein Piercing oder ein kleines Tattoo mit einem Motiv, das man selbst ausgesucht hat, ein Lieblingsfilm (Twilight), eine Lieblingsband, eine Lieblingsfarbe und ein Lieblingsessen, - fertig ist die individuelle Persönlichkeit. So wird man akzeptiert und gemocht Lies also das, was alle lesen und was dir Vergnügen bereitet, dann besteht nur eine einzige Gefahr: dass du deine Lebenszeit verschwendest. Besonders das Lesen von Romanen ist ein netter Zeitvertreib. Ich habe wohl Hunderte von Büchern mit Interesse gelesen, doch an deren Inhalt kann ich mich heute überhaupt nicht mehr erinnern. Immerhin dürfte das Lesen von Büchern unsere Gehirnzellen ein wenig mehr aktivieren und trainieren als das Anschauen von Bildern oder Filmen. Vielleicht bereichert das Lesen unseren Wortschatz und unser Einfühlungsvermögen, vielleicht hinterlassen sogar Romane ein paar flache Spuren in unserem Denken, unseren Einstellungen und Vorstellungen. Wer aber Bücher oder Musik nur zur Zerstreuung und Entspannung konsumiert, der darf nie wieder das Wort „Yolo" aussprechen.

Kaum ein Dichter empfand die Kluft zwischen dem ernsthaften und dem oberflächlichen, seichten Umgang mit der Kunst so intensiv wie E.T.A. Hoffmann, der als Komponist begann und später neben billiger Unterhaltungsliteratur so phantastische Märchen wie „Der Goldenen Topf und „Klein Zaches" schrieb. In seinen Gedanken „Über den hohen Wert der Musik" formulierte Hoffmann die Auffassung des normalen Bürgers: „Der Zweck der Kunst überhaupt ist doch kein anderer, als dem Menschen eine angenehme Unterhaltung zu verschaffen und ihn so von den ernsten oder vielmehr einzigen ihm anständigen Geschäften, nämlich solchen, die ihm Brot und Ehre im Staat erwerben, auf eine angenehme Art zu zerstreuen, so dass er nachher mit gedoppelter Aufmerksamkeit und Anstrengung zu dem eigentlichen Zweck seines Daseins zurückkehren, d.h. ein tüchtiges Kammrad in der Walkmühle des Staates sein und (..) sich trillen lassen kann." Dem gegenüber steht der Knabe, der von allen als „Musikfeind" gescholten wird, weil er schon bei den ersten Tönen einer Symphonie so tief getroffen und affiziert wird, dass ihn Tränen überströmen und er das Konzert vorzeitig verlässt Die Töne, Akkorde und Melodien versetzen ihn in einen Zustand höchster Glückseligkeit und dann wieder in tiefste Trauer und schmerzvolle Sehnsucht. Er empfindet die Töne mit jeder Faser seines Körpers und seiner Seele. Nichts quält ihn mehr als dilettantische Musiker, die quinkelieren und die Musik durch falsche Töne verhunzen.

Wir können heute auf eine schier unendliche Zahl von Büchern zugreifen. Es ist unmöglich alles zu lesen. Deshalb möchte ich dir eine kleine Auswahl an Werken empfehlen, von denen ich glaube, dass sie einer ernsthaften Beschäftigung würdig sind, Bücher, die dein Leben bereichern und dein Denken und Handeln verändern können - sofern du dich auf dieses Abenteuer einlassen willst. An erster Stelle stehen die großen Mythen und Sagen der Menschheitsgeschichte: Homers Ilias und die Odyssee, die „Sagen des klassischen Altertums" von G. Schwab, die Bibel, Konfuzius, die Geschichte aus 1001 Nacht, die Märchen der Gebrüder Grimm, das Nibelungenlied. Dann folgen einige philosophische Werke: die Dialoge Platons, die Schriften von Seneca, Epikur, Plutarch und Marc Aurel, Schopenhauers „Aphorismen zur Lebensweisheit", Erichs Fromms „Kunst des Liebens" sowie der „Mythos von Sisyphos" von Albert Camus. Schließlich gibt es einige herausragende Werke der Weltliteratur: den Don Quichotte von Servantes, Hesses „Siddharta", „Die Blendung" von Elias Canetti, Goethes „Faust", den Werther, „Schuld und Sühne „ von Dostojewski, „Segen der Erde" von Knut Hamsun, „Hundert Jahre Einsamkeit" von Marquez, „Der Zauberberg" von Thomas Mann, Eichendorfs „Aus dem Leben eines Taugenichts", „Jakob Littners Aufzeichnungen aus einem Erdloch" von Wolfgang Koeppen, „Das Leben auf dem Lande" von Fritz Reuter„ ‚Der Grüne Heinrich" von Gottfried Keller. Diese Liste ließe sich noch erweitern um Kafka, Kleist, Brecht und viele andere, doch es soll noch genügend Platz bleiben für deine eigenen Entdeckungen.

6. Brief:
Über Musik

Liebe Charline,
in den Nachrichten wurde gemeldet, dass die Weltbevölkerung wieder stark zunimmt. Du wirst es noch miterleben, dass über 10 Milliarden Menschen die Erde bevölkern, die alle den gleichen Anspruch darauf erheben dürfen, sich für ihr Überleben mit Wasser und Nahrung zu versorgen. Unvorstellbare Mengen an Lebensmitteln müssen dafür produziert werden. Schon das ist ein gewaltiges Problem, weil dafür riesige Waldflächen gerodet und Unmengen von Energie aufgewendet werden müssen. Die Ökosysteme geraten aus dem Gleichgewicht, die Weltmeere werden leer gefischt, dafür breiten sich dann überall riesige Quallen aus, wie sie jetzt schon in den japanischen Gewässern anzutreffen sind. Die Herstellung der Nahrung ist nicht die einzige Herausforderung, vor der die Menschheit stehen wird. Noch schwerer zu lösen ist das Problem der gerechten Verteilung. Die reichen Länder des Westens – vor allem Amerika und Europa – kaufen und verbrauchen mehr Energie als alle anderen Länder der Welt zusammen. Sie besitzen Geld, die produzierenden Unternehmen, Rechte, Nahrung und Wasser im Überfluss, Medikamente und die beste ärztliche Versorgung. Der Reichtum ist auf dieser Welt extrem ungleich verteilt. Während es für dich in zwanzig Jahren nichts Wichtigeres geben wird, als die Anschaffung des neuen I-Phone 10, einer Sonnenbrille von Gucci und den BMW-Geländerwagen X 20, werden gleichzeitig Tausende von Kindern in Afrika sterben, weil sie nichts zu essen und nichts zu trinken haben.

„Yolo", wirst du vielleicht sagen, „was geht mich das an? Ich kann nichts dafür, ich habe die Welt nicht so eingerichtet, ich kann sie auch nicht ändern. Es ist eben so, dass einige Glück haben und andere Pech. Natürlich bin ich froh, zu denen zu gehören, denen es besser geht. Ich will nichts abgeben, ich will, dass es so bleibt, ich will, dass ich überlebe und dass es mir gut geht." Das Sterben geschieht weit weg – daher fällt es leicht, gleichgültig zu bleiben. Wahrscheinlich wirst du sogar etwas stolz sein, auf der Seite der Gewinner zu stehen. Du bist ja schon beim Völkerballspiel ungehalten, wenn du in eine Mannschaft gewählt wirst, die wahrscheinlich verlieren wird.

Es ist zu befürchten, dass die Entwicklung nicht mehr aufzuhalten ist. Noch schlimmer: sie wird mit exponentiellem Wachstum voranschreiten. Aus der Sicht der Jahrmillionen während Erdgeschichte wird sie wie eine kurze, alles zerstörende Explosion erscheinen. Die bevorstehende Hunger- und Umweltkatastrophe wird begleitet von Aufständen, Wanderungsbewegungen und Kriegen, denen vermutlich noch mehr Menschen zum Opfer fallen werden als dem ohnehin schon gewalttätigen 20. Jahrhundert.

Die Ursache für diese Entwicklungen und für die meisten psychischen Erkrankungen liegt in einer weltweit sich ausbreitenden, verkehrten Einstellung zum Leben. Wir leben in einer Gesellschaft, in der Besitz und Konsum als höchste Ziele gelten. Wie es dazu gekommen ist, beschreibt Erich Fromm in seinem Buch „Haben oder Sein", das ich dir wie alle seine Werke sehr empfehle. Der Mensch nimmt auf diesem Planeten eine Sonderstellung ein, weil er durch die

Entwicklung seines Gehirns ein Bewusstsein und die Fähigkeit zu Denken erworben hat. Dadurch kam es zu einer „ständig abnehmenden Determinierung des Verhaltens durch Instinkte." (S. 134) Mit der gewonnenen Freiheit ist zugleich die Einheit mit der Natur verloren gegangen. „Da die Spezies Mensch kaum von Instinkten motiviert wird, die ihr sagen, wie sie zu handeln hat (...), brauchte es einen Orientierungsrahmen (S. 135). Keine menschliche Gesellschaft kommt ohne Werte und Ziele aus, die „einen Brennpunkt für all unser Streben" darstellen, die „unsere Energie in eine Richtung lenken" und die „dem Leben einen Sinn geben." Diese Orientierung trägt einen religiösen Charakter. (S. 136)

Der Mensch ist sich bewusst, dass er sterben wird. Die Angst vor dem Verlust des Lebens, die Erkenntnis, dass unsere Zeit begrenzt ist und dass es viele Gefahren gibt, die unser Leben bedrohen (Spinnen!), erweckt in den Menschen das Bedürfnis nach Sicherheit und das Verlangen, so viel wie möglich in seinem Leben zu erreichen und mitzunehmen. Diese Bedürfnisse befriedigt der Mensch heute durch das Haben, den Besitz von Macht, Geld, Eigentum, Sklaven (Frauen, Kinder, Angestellte) und das Haben von Genussmitteln. „Meine Frau, meine Kinder, mein Auto, mein Haus, meine Yacht, meine Meinung - diese Liste ließe sich beliebig fortsetzen. Sie zeigt, dass wir uns heute als Person in erster Linie definieren und auszeichnen durch das, was wir alles haben. Das Haben-Wollen prägt unseren Charakter, unwillkürlich entsteht daraus Neid, Eifersucht und Habsucht. „Wenn Haben die Basis meines Identitätsgefühls ist, weil `ich bin, was ich habe´, dann muss der Besitzwunsch zum Verlangen führen, viel, mehr, am meisten zu haben. Mit anderen Worten, Habgier ist die natürliche Folge der Habenorientierung. Die psychische Gier (..) ist unersättlich, da die innere Leere und Langeweile, die Einsamkeit und die Depression, die sie eigentlich überwinden soll, selbst durch die Befriedigung der Gier nicht beseitigt werden können." Wenn alle versuchen, ihre grenzenlosen Wünsche zu befriedigen, führt das automatisch zu „Konkurrenz und Zwietracht", zu Furcht und aggressiven Feindseligkeiten unter den Menschen. (S. 113)

Der einzige Weg, um sich viel leisten zu können, ist für die meisten in der heutigen Industrie- und Dienstleistungsgesellschaft der Verkauf ihrer Arbeitskraft, d.h. beruflicher Erfolg. Dazu muss man „in der Konkurrenz mit vielen anderen seine Persönlichkeit vorteilhaft präsentieren." (S. 145) So wird der Mensch zur Ware (S. 144), zu einem verkäuflichen, empfindungslosen Gegenstand, der nur dann etwas wert ist, wenn er perfekt funktioniert. Alle Beziehungen werden oberflächlich, unverbindlich, unbedeutend.

„Die rätselhafte Frage, warum die heutigen Menschen zwar gerne kaufen und konsumieren, aber an dem Erworbenen so wenig hängen, findet ihre überzeugendste Antwort im Phänomen des Marktcharakters. Aufgrund seiner allgemeinen Beziehungsunfähigkeit ist er auch den Dingen gegenüber gleichgültig. Was für ihn zählt, ist vielleicht das Prestige oder der Komfort, den bestimmte Dinge gewähren, aber die Dinge als solche haben keine Substanz. Sie sind total austauschbar, ebenso wie Freunde und Liebespartner, die genauso ersetzbar sind, da keine tieferen Bindungen an sie bestehen." Diese Art der Gleichgültigkeit erklärt auch, warum sich die Menschen „keine Sorgen über die Gefahren nuklearer und ökologischer Katastrophen machen." (S. 146)

Jugendliche befinden sich in einer ungünstigen Situation: sie haben noch so gut wie nichts: kein Haus, kein Beruf, kein Einkommen, keine Familie, kein Auto, manche haben nicht einmal Freunde. Da richtet sich die Habsucht auf einige Objekte, die man unbedingt haben muss: das Handy eines bestimmten Herstellers, die Schuhe, die Tasche, die Kette einer bestimmten Marke, eine bestimmte Freundin oder einen bestimmten Freund, die Dinge, die eben gerade angesagt sind. Du willst, dass die anderen auf dich neidisch sind. Wenn du die heiß begehrten Sachen endlich hast, wie gehst du mit ihnen um? So als ob sie für sich und für dich wirklich wertvoll sind? Nein, es ging und geht nur um das kurze Glück des Erwerbs, den Beweis des Haben-Könnens. Wenn man etwas hat, wird die Sache uninteressant. Der nächste Wunsch spukt schon im Kopf. Das nennt man Gier.

Nun stell´ dir die Menschen in Indien, China, in Afrika oder Südamerika vor, glaubst du sie möchten nicht ebenfalls reich sein, im Wohlstand leben und alles haben, was anscheinend zu einem glücklichen Leben gehört: Fernseher, Marmorbäder, goldene Wasserhähne, Luxus-Autos, Kaviar und Champagner, Essen und Trinken im Überfluss? Was zurzeit die ganze Welt antreibt, ist eine unersättliche Besitz- und Konsumgier. Wenn die Lebenseinstellungen und der Lebensstil des Westens von den ganzen 10 Milliarden Menschen auf der Erde übernommen werden, ist die Katastrophe unausweichlich. Die Umweltzerstörung nimmt dann

Ausmaße an, die wir uns jetzt noch kaum vorstellen können.

Was ist der Mensch doch für eine egoistische, kaltblütige, raffgierige Kreatur, die sich gedankenlos auf Kosten anderer bereichert, obwohl sie trotz Besitz, Erwerb, Erfolg, leiblichen Ausschweifungen und Genüssen aller Art niemals wirklich zufrieden und glücklich ist?

Doch es gibt im Menschen eine zweite Seite, eine Veranlagung, viel ursprünglicher als die künstliche Daseinsform der Gegenwart. Seit Urzeiten ist der Mensch sensibel. Er kann sehen, schmecken, riechen, hören und fühlen. Er steht über die fünf Sinne mit der Außenwelt in Berührung, und er kann Eindrücke empfangen, die in seinem Inneren mittels chemischer Botenstoffe mit negativen oder positiven Bewertungen verbunden werden, also Gefühle wie Freunde, Trauer, Liebe oder Enttäuschung auslösen. Die Sinneswahrnehmung in Verbindung mit ihrer Verarbeitung in einer komplexen Gehirnstruktur aus Millionen von Gehirnzellen bringt eine der außergewöhnlichsten Fähigkeiten hervor, die ich für die die höchste und wichtigste Eigenschaft des Menschen halte: sein musikalisches Empfindungsvermögen. Seit jeher und überall auf der Welt lauschen die Menschen den Tönen und Klängen, ob im Iglu am Nordpol, im Nomadenzelt in der Wüste, in der Bambushütte im tropischen Regenwald oder im Konzertsaal einer Großstadt – überall hören die Menschen andächtig den Sängern und Musikern zu. Und sie singen selber, wenn ihnen danach ist. Sie drücken ihre Gefühle und Eindrücke mit Liedern und Tänzen aus.

Durch die Musik tauchen wir ein in eine andere Welt, in die unendliche Vielfalt eines kosmischen Geschehens, von dem wir ergriffen und herumgewirbelt werden. Wir vergessen uns selbst und werden Teil einer allumfassenden Einheit der ewigen, chaotischen und nach physikalisch-mathematischen Gesetzen geordneten Bewegungen, die wir andächtig als kosmische Harmonie erleben. Musik ist ein dionysisches Erlebnis, ist Rausch, Vergessen, Versinken – und damit zugleich Erlösung. Wenn wir Musik hören, brauchen wir nicht denken, nicht handeln, nichts entscheiden, nichts begründen, nichts bewerten. Wir schalten unseren Verstand ab, wir geben unsere individuelle Persönlichkeit mit all ihren Eigenarten, ihren Wünschen und ihren Problemen vollständig auf. Die Last des alltäglichen Lebens fällt von uns ab, und diese Hingabe wird belohnt mit der Rückkehr ins Paradies, in einen Zustand der tiefen Verbundenheit mit allem Sein, mit den Elementen, mit der Erde, dem Wind, dem Feuer und dem Wasser, mit den Tieren, mit allen Menschen, mit Wald und Wiesen und dem Sternenhimmel über uns. Wir erleben die Ewigkeit, das Nirwana, die höchste Stufe der menschlichen Vollkommenheit, unendliche Glück.

Die Fähigkeit, sich der Musik zu öffnen, verdanke ich meinen Eltern. Nicht jeden Abend, doch gelegentlich sang mein Vater meinem Bruder und mir als wir klein waren, deutsche Volkslieder vor. „Hoch auf dem gelben Wagen", „Im Frühtau zu Berge" und „Mein Vater war ein Wandersmann" gehörten zu seinen Lieblingsliedern. Bei seinem wunderschönen „Guten Abend, gute Nacht" sind wir dann mit einem Gefühl der Geborgenheit und Ruhe sanft eingeschlummert. Meine Mutter sang oft und viel in der Küche die Schlager mit, die gerade im Radio liefen. Wenig begeistert verzogen wir uns dann ins Kinderzimmer, und manchmal hielten wir uns mit schmerzverzerrtem Gesicht die Ohren zu, wenn der eine oder andere Ton daneben ging. Unter uns wohnte Herr Kiesling, der in einem Männerchor sang und seine weiche und volle Stimme mit Tonleitern und Oktavsprüngen anwärmte, bevor er kräftig und durchdringend die Solopartien seines Heldentenors ertönen ließ. Musik umgab uns im Alltag als Ausdruck von Lebensfreude und Energie, ohne für mich eine besondere Bedeutung zu besitzen. Bei einer Aufführung des Schulchores bewunderten alle Eltern die Inbrunst mit der ich mitzusingen schien, dabei bewegte ich meistens nur die Lippen, und meinen Mund hatte ich nur zum Gähnen so weit aufgerissen.

Dann trat jedoch ein Ereignis ein, das mein ganzes Leben von Grund auf veränderte. Mein über alles geliebter Opa starb überraschend im Sommer 1972, da war ich zehn Jahre alt. Die ganze Welt brach zusammen, der Tod beendete jäh meine heile, glückliche Kindheit. Verstört und orientierungslos stand plötzlich alles in Frage, an das ich geglaubt hatte. Es gab keinen Halt mehr, kein Vertrauen, keine Sicherheit. Es geht in dieser Welt nicht nur fröhlich zu, es geht nicht nur aufwärts, es geht auch abwärts. Der Schmerz über den Verlust meines Opas war so unermesslich groß und anhaltend, dass alle Tränen dieser Welt nicht halfen, darüber hinwegzukommen. Die Erschütterung hatte sich tief in meinem Gemüt festgesetzt – ich sah die Welt mit anderen Augen. Ich konnte nicht begreifen, wie alle anderen Menschen um mich herum so unbekümmert durchs Leben laufen können und den Tod nicht sehen, der lauernd hinter ihnen steht.

Da hörte ich eines Abends im Radio ein Orchesterstück, das alles ausdrückte, was ich damals empfand. Es waren die „Chrysantemi" von Giacomo Puccini. Nun saß ich fast jeden abend vor dem Radio. Eine neue Welt tat sich vor mir auf, in der ich mich wiederfand. Gebannt lauschte ich den Sinfonien von Bruckner und Brahms, dem Klavierkonzert von Tschaikowsky, dem 2. Violinkonzert von Grieg und Schuberts Streichquartett „Der Tod und das Mädchen". Später entdeckte ich die Musik von Ernest Chausson, Gabriel Faure und Dimitri Schostakowitsch. In der Hamburger Staatsoper erlebte ich erschüttert und zu Tränen gerührt das Schicksal von Manon Lescaut. Liebe, Tod, Hoffnung und Verzweiflung – die Opern von Puccini sind ein einziger Aufschrei, seine Musik reißt uns mit in den Strudel leidenschaftlicher Empfindungen und dramatischer Entwicklungen.

Musik drückt das aus, für das wir keine Worte finden, weil die allumfassende Wahrheit des Seins nur empfunden, aber niemals benannt werden kann. Mit der Sprache steht uns nur ein dürftiges, trockenes Mittel des Ausdrucks zur Verfügung, dass in erster Linie dem schnellen Austausch von Informationen dient und daher dazu neigt, komplexe Sachverhalte auf das Wesentliche zu reduzieren. Wenn tausend Dinge gleichzeitig geschehen oder existieren, kann sie das nur durch eine sehr lange Reihe von nacheinander folgenden Aussagen wiedergeben. In der Musik erfassen wir augenblicklich das Ganze. Die Grundlage für die außergewöhnliche Fähigkeit des musikalischen Aufnahmevermögens liegt in der übereinstimmenden physikalischen Beschaffenheit von Musik, Welt und unserem Gehirn. Musik besteht letzten Endes aus nichts anderem als aus sich verändernden Energiewellen, aus Tönen mit einer bestimmten Frequenz (Tonhöhe), einer bestimmten Dauer (Tonlänge) und einer bestimmten Kraft (Tonstärke). Die Veränderung von Tonhöhe und Tonlänge ergibt die Melodien. Und so wie sich Teilchen / Atome schneller bewegen, wenn ihnen Energie, z.B. in Form von Wärme zugefügt wird, so ändert sich auch das Tempo der Tonbewegungen. Klänge füllen den Raum, Rhythmen unterteilen die Zeit. Wie im Universum, genauso wie auf der Erde oder in unserem Gehirn passieren in der Musik tausend eigenständige Dinge gleichzeitig. Das führt zu Klangkombinationen, zu Spannungen, zu Kämpfen und Lösungen, zu Dissonanzen und Harmonien.

Eines ist jedoch auffällig. In der Musik sind die physikalischen Elemente anders als in der eher zeitlos schwebenden Natur einer starken Rhythmisierung unterworfen. Der gleichmäßig laufende, metronomisch tickende Takt – der Beat – scheint eine besondere Zutat des Menschen zu sein, die ihm eine einfache Form der Energieaufnahme oder Energieabgabe ermöglicht, indem der Rhythmus der Musik gleichmäßige Muskelbewegungen auslöst und sich auf unseren Herzschlag auswirkt. Der Rhythmus der Musik reißt uns mit, und wir fühlen uns lebendig, wir sind in Bewegung. Ob Jazz, Rock oder Techno – Jugendliche bevorzugen laute und schnelle Musik mit tiefen Bässen und harten Rhythmen, weil sie in ihrer Wachstumsphase über einen Energieüberschuss verfügen, den es schon immer gab, auch wenn heute Eltern, Lehrer und Ärzte – also alles ältere Leute – diesen als krankhafte Hyperaktivität ansehen. „Und immer dieser Lärm" – die Band die „Ärzte" bringen das Unverständnis der Eltern gegenüber den scheinbar sinnlosen und unvernünftigen Verhaltensweisen von Jugendlichen auf den Punkt. Wenn unsere Nachbarn den Lärm nicht mehr ertragen konnten, klopften sie gegen die Heizungsrohre – und das kam oft vor, denn ich war maßlos und süchtig. Immer wieder spielte ich denselben Titel in voller Lautstärke und stampfte mit dem Fuß den Rhythmus dazu. Ich war völlig verrückt nach Musik, besonders nach der „Urwald- und Negermusik", dem vibrierenden, vielstimmigen, chaotischen Jazz von Bix Beiderbecke, Louis Armstrong, Benny Goodmann und seinem unübertroffenen Schlagzeuger Gene Krupa. Mit 13 oder 14 Jahren schlich ich mich in die berühmten Hamburger Jazzlokale, dem Onkel „Pö", dem Cotton Club, dem Schwenders, um Abbi Hübners „Low Down Wizzards" oder andere Dixieland-Jazzkapellen live zu erleben.

Musik wirkt auf den Menschen außergewöhnlich direkt und intensiv. Das entdeckten schon zu Urzeiten die Stämme in Afrika, die ihre Mitglieder durch rhythmisches Trommeln und gemeinsame Gesänge in Trance, in einen Zustand vollkommener Selbstvergessenheit versetzten, durch den alle zu einer einzigen Stammeseinheit verschmolzen. Alle Gruppen und Gemeinschaften haben sich diese einheitsstiftende Wirkung zunutze gemacht.

Wann und wo wird Musik gemacht? Außer beim Üben spielen Musiker selten für sich alleine, sondern meistens da, wo viele Menschen aus besonderen Anlässen zusammenkommen. Tanzkapellen spielen auf zu Hochzeiten und Dorffesten, Kirchenchöre singen zusammen mit der Gemeinde religiöse Choräle, und

Soldaten marschieren im Gleichschritt zackiger Militärmärsche singend, fröhlich in den Kampf und in den Tod. Die Herrscher dieser Welt lassen sich mit Pauken und Trompeten ankündigen und verherrlichen. Unisono hallten die gregorianischen Gesänge der Mönche im Mittelalter durch die Klöster. Musik schafft Gemeinschaft, ihre soziale Funktion ist unübersehbar. Denk nur einmal an die ungeheure Anzahl von Kindern, die mit ihren Eltern bei dem Laternenumzug von Mümmelmannsberg den Spielmannszügen hinterherlaufen. Der größte Umzug wird von einer Partei, der SPD organisiert, meistens kurz vor den Wahlen. Seit Jahrzehnten erhält die SPD dann die meisten Stimmen. Mit Musik lassen sich die Menschen sehr subtil, d.h. ohne, dass sie es merken, beeinflussen. In den Kaufhäusern wird leichte, angenehme Musik gespielt, damit die Kunden in Kauflaune geraten.

Musik spricht die Gefühle an, sie beruht auf Empathie. Der Verstand und das Denken werden ausgeschaltet. Daher lassen sich die Menschen durch Musik sehr leicht in eine Richtung lenken. Es gibt in der Musik keine Zweifel, keine Begründungen, keine Verantwortung und keine Vernunft. Die Menschen suchen die Erlösung, die Befreiung vom Fluch des zum Sterben verurteilten Individuums und von der Last, sich ständig entscheiden zu müssen. Wer drückt sich nicht gerne davor, Verantwortung zu übernehmen? Niemand setzt sich gern der Gefahr aus, schuldig zu werden. Vielleicht hilft uns die Musik, das Leben zu ertragen, vielleicht gibt uns die kurze Auszeit neue Kraft. In jedem Fall ist sie unschädlicher als Alkohol oder andere Drogen, mit denen wir uns sonst ins Himmelreich der Glückseligkeit verabschieden.

Der berühmte griechische Philosoph Platon sah in der Musik die Grundlage der Erziehung, weil „Rhythmus und Harmonie am tiefsten in die Seele eindringen, sie am stärksten ergreifen und ihr edle Haltung verleihen." (Der Staat, 401d) Allerdings wollte er die Moll-Tonarten, einige Rhythmen und einige Instrumente, wie z.B. die Flöte verbieten, die seiner Meinung nach einen schlechten Einfluss auf die Seele ausüben würden. Es ging ihm darum, tapfere, besonnene und mutige Menschen für seinen idealen Staat zu schaffen. Die klagenden Moll-Tonarten aber würden zu „Trunkenheit, Verweichlichung und Schlaffheit" führen (398e). Heute schätzen wir auch Musik, die uns friedfertig, milde und ein wenig wehmütig stimmt. Im II. Weltkrieg ließ sich ein erstaunliches Phänomen beobachten: Anstatt zu kämpfen saßen die deutschen wie die englischen Soldaten allabendlich vor den Radioempfängern um Zarah Leanders „Lilli Marleen" zu hören. Während das Lied erklang, ruhten auf beiden Seiten die Waffen.

Aus der Empfänglichkeit für Musik geht bei Kindern und Jugendlichen der Wunsch hervor, selbst Musik zu machen, ein berühmter Sänger zu werden oder ein Instrument zu spielen. Wer sich für etwas interessiert und mit Elan an die Sache herangeht lernt schnell. Die meisten konzentrieren sich darauf, ihre Lieblingsstücke spielen oder so wie ihr Lieblingssänger singen zu können. Aktuell gängige Schlager oder Klavierstücke werden stundenlang geübt und nachgeahmt, so lange, bis eine beeindruckende Perfektion des Vortrags erreicht wird. Bei Klavierschülerinnen sind es immer wieder dieselben Stücke: der Flohwalzer, Für Elise, River flows, Comptine pour Amelie, oder wie bei dir die Titelmusik aus der Twilight-Saga. Mit diesem ersten Erfolg endet für fast alle Jugendlichen ihre Musikerkarriere. Sie sind damit zufrieden, zwei oder drei Stücke schnell und mit technischer Brillanz herunterspielen zu können. Sie haben ihr Können bewiesen, das reicht. Denn danach wird es schwierig. Man müsste nun nach den Anleitungen des Musiklehrers mühsam die richtige Technik für die Beherrschung der Stimme oder eines Instruments lernen und die Feinheiten des Vortrags, durch den sich die wirkliche Perfektion von der technisch einwandfreien Klimperei oder Trällerei unterscheidet. Um ein guter Musiker zu werden, muss man üben, üben und noch mehr üben: Etüden, Tonleitern, Finger- oder Atemtechnik, Noten lesen, vom Blatt spielen. Das ist den meisten zu langweilig. Man kann dann kaum noch den eigenen Interessen folgen, sondern muss sich dem fügen, was der Lehrer vorgibt, der auch noch jeden kleinsten Fehler mit einem strengen Blick bestraft. Jetzt wird man gefordert, kritisiert und aus seinen Träumen herausgeholt.

Nicht alle Kinder kommen aus eigenem Antrieb zum Musikunterricht. Es sind oft die Eltern, die meinen, ihr Kind müsse ein Instrument lernen, weil sie insgeheim hoffen, ich ihrem Sohn oder ihrer Tochter könne ein Supertalent stecken, dessen schlummernde Fähigkeiten durch den Musikunterricht erweckt werden würden. Andere Eltern glauben, dass die geistige Entwicklung ihres Kindes durch das Erlernen eines Instruments gefördert wird und dass sich dadurch deren Leistungen in der Schule insgesamt verbessern. Sie investieren in die Zukunft ihres Kindes, sie erwarten gute Noten, sie wollen, dass ihr Kind Abitur macht, studiert und viel Geld verdient. Tatsächlich erweist sich die musikalische Ausbildung als großer Nutzen für die Erziehung und die Entwicklung eines Kindes. Das Spielen eines Instruments erfordert Konzentration, Genauigkeit, die Wahrnehmung feinster Unterschiede, Geduld und Ausdauer – Fähigkeiten, die ohne Zweifel die Intelligenz fördern und die dabei helfen, die schulischen Anforderungen auch in anderen Fächern zu erfüllen. Gleichzeitig lernen die Musikschüler durch das Zusammenspiel in einem Orchester oder einer Band, sich mit anderen abzustimmen, sich einzufügen und sich einem Ganzen unterzuordnen. Insofern fördert das Musizieren die Disziplin und die soziale Kompetenz.

Leider empfinden die meisten Schüler, die von ihren Eltern in einer Musikschule angemeldet werden, diesen Unterricht als lästige Pflicht. Sie quälen sich, üben widerwillig und kommen durch ihre innere Blockade kein Stück voran. Woche für Woche muss der Musiklehrer bei ihnen wieder bei Null anfangen – und selbst nach einem Jahr schaffen sie es kaum, „Hänschen klein" flüssig zu spielen. Zwang ruft Widerwillen und Unlust hervor – und das sind die denkbar schlechtesten Voraussetzungen, um etwas zu lernen.

Aber ohne Druck kommt man in der Musik nicht zu Höchstleistungen, doch dieser Druck entsteht ohnehin von innen heraus, wenn man Feuer gefangen hat und so gut sein will wie die großen Vorbilder. Angestachelt von Begeisterung und Ehrgeiz verbringt man dann täglich mehrere Stunden damit, Tonleitern rauf und runter zu spielen und schwierige Stellen immer wieder zu üben. Bei der Abschrift meiner Tagebücher ist dir sicherlich aufgefallen, dass ich über zwei Jahre jeden Tag „Trompete geübt" verzeichnet habe. Als ich fünfzehn und sechzehn Jahre alt war, gab es für mich nichts Wichtigeres als die Trompete. Ich wollte so gut spielen wie Roy Eldrige und Maurice Andre. Die täglichen Übungen begannen immer damit, zwanzig Minuten nur Töne auszuhalten, um die Lippen zu trainieren, ihre Spannung über mehrere Takte auf einer Höhe zu halten. „Wie langweilig", wirst du sagen. Nein, das war es keineswegs. Es war eine Aufgabe, eine Herausforderung, die ich schaffen musste, um voran zu kommen. Gleichzeitig war es wie das „Om" der buddhistischen Mönche, eine Meditation mit einer beruhigenden und erfrischenden Wirkung. Während des Übens vergisst man die ganze Welt um sich herum.

Trompete zu spielen genügte mir nicht, ich wollte auch noch eine eigene Band. Dazu sammelte ich alle Freunde und Schulkameraden ein, die mehr oder weniger ein Instrument beherrschten. Wir nannten unsere Truppe „Rasic", übten jeden Montag in der Schule, bauten uns Notenpulte und träumten vom großen Erfolg. So verrückt wie wir waren, überzeugten wir die Pastorin der Trinitatiskirche, den Konfirmationsgottesdienst nicht mit langweiligen Chorälen, sondern mit rockigen Gospelstücken aufzulockern. Am Anfang spielte ich „Amazing Grace" als Trompetensolo. Später wurde es fetzig, Peter Ackert trommelte auf seinem Schlagzeug heiße Rhythmen, die Trompeten und Posaunen schmetterten die Melodie von „Rock my soul" und die Klarinette schrie und kreischte dazwischen. Ein musikalisches Inferno, etwas Sensationelles, ein Höhepunkt. Anschließend wurden wir nie wieder für einen Auftritt gebucht.

Ich konnte üben so viel ich wollte, es gab eine Grenze des Könnens, über die ich nicht hinausgelangen konnte. Es gibt nichts Schlimmeres für einen Musiker als zum Sklaven seines Instruments zu werden, weil man die höchste Perfektion anstrebt ohne die unerklärliche Begabung mitzubringen, die die großen Starsolisten von den durchschnittlichen Musikern im Orchestergraben unterscheidet. Musik stellt die allerhöchsten Ansprüche – und ich konnte sie nicht erfüllen. Ich zog die Konsequenz und gab das Trompetespielen für immer auf. Trotzdem verdanke ich der klassischen Musik die schönsten und bewegendsten Momente meines Lebens. Vom Kampf der Urgewalten bis zur zartesten Allharmonie entführt uns die Musik in unvorstellbare Bereiche jenseits von Gut und Böse. Sie bereichert und erweitert unser Empfinden, unsere Seele. Wenn man sonst nichts aus seinem Leben macht oder nichts erreicht, für dieses Erlebnis lohnt es sich, zu leben. Musik – das ist der wahre Reichtum, die unversiegbare Quelle von Glück und Seligkeit.

7. Brief:
Über Natur und Geschichte

Liebe Charline,
unvorstellbar sind die Abgründe vor denen wir im
Laufe unseres Lebens stehen. Missgunst, Verrat, Hin-
terhältigkeit, krankhafte Eifersucht und Herrschsucht,
enttäuschte Liebe, Irrsinn und die bodenlose Leere
des Daseins. In den Momenten der Verzweiflung und
der inneren Erschütterung, in denen wir uns von den
Menschen abwenden und die Einsamkeit suchen, zieht
es uns unwillkürlich hinaus in die Natur. Ob wir auf
einer Düne sitzend über das Meer blicken und dem
Rauschen der anbrandenden Wellen zuhören, durch
einen Wald spazieren, von einer Bank unter einer alten Eiche über grüne Kuhwiesen ins Tal hinabschau-
en oder einen Berggipfel erklimmen – der Anblick der
Natur erfüllt uns immer mit einem Gefühl von unendlicher Ruhe und unendlicher Freiheit.

Sich an der Schönheit der Natur zu erfreuen ist indessen
nicht vielen Menschen gegeben. Die Natur wurde besonders in früheren Jahrhunderten von den Menschen
als unheimlich, gefährlich, übermächtig und grausam
empfunden. Donner und Blitz, Stürme, Erdbeben,
Dürre, Lawinen und Fluten lösten Angst aus, genauso
wie die Nacht, der dunkle Wald und gefährliche Tiere,
besonders Spinnen, Schlangen, Tiger, Elefanten und
Hyänen. Die Natur war für die Menschen kein Ort des
Friedens, sondern eine lebensbedrohende Umgebung,
in der jeder jederzeit äußerst wachsam sein musste, um
zu überleben.

Die gesamte Geschichte der Menschheit lässt sich als

Versuch interpretieren, die Natur zu beherrschen. Bei Völkern, die im Einklang mit der Natur leben, gibt es keine fortschreitende Entwicklung. Sie passen sich den Lebensbedingungen an und versuchen, die übermächtigen Götter durch rituelle Handlungen und Beschwörungen gnädig zu stimmen. Im mythologischen Denken verhaftet kommen sie nicht auf die Idee, den Göttern ihre Macht nehmen zu wollen. Alles, was existiert ist ihnen heilig, jede Pflanze, jedes Tier besitzt ein Daseinsrecht – und genau so wie der Mensch – einen festen Platz in der Weltordnung. Da sich nichts verändert leben sie im Paradies, was wörtlich übersetzt nicht anderes heißt als „gleiche Tage".

Die Bibel bringt den Entwicklungssprung, der sich in Wirklichkeit über viele Jahrhunderte in kleinen Schritten vollzogen haben wird, auf den Punkt. Die Vertreibung aus dem Paradies und damit der Beginn der geschichtlichen Entwicklung geschah als Adam und Eva den Apfel vom Baum der Erkenntnis aßen. Sie erkannten, dass sie nackt waren. Mit der Selbsterkenntnis erhielten sie zugleich ein Selbstbewusstsein, das ihnen nicht nur ihre Unzulänglichkeiten, sondern auch ihre Fähigkeiten vor Augen führte. Sie konnten Feuer machen, Werkzeuge herstellen, sie konnten denken, planen und absichtsvoll handeln. So machten sich die Menschen nun an die Aufgabe, die ihnen von Anbeginn von Gott zugewiesen wurde: „Seid fruchtbar und mehret euch, füllet die Erde und macht sich euch untertan."

Der Übergang von der Älteren Steinzeit, in der die Menschen noch als Jäger und Sammler lebten, zur Jüngeren Steinzeit, in der die Menschen sesshaft wurden und als Bauern den Boden urbar machten, markiert den ersten großen Fortschritt in der Beherrschung der Natur. Der „homo sapiens" lebte nicht mehr in Höhlen, sondern in selbst erbauten Hütten, erst in kleinen Ansiedlungen, dann in größeren Dörfern, später in Städten, heute in Mega-Citys mit mehreren Millionen Einwohnern. Diese Städte aus Beton, Stahl und Asphalt sind künstliche Lebensräume, die mit der Natur nichts mehr zu tun haben. Nur der Mops im Wohnzimmer oder eine Geranie im Balkonkasten erinnern daran, dass uns einmal eine andere Welt umgeben hat.

Die Geschichte der Menschheit ist eine Geschichte der Erfindungen von technischen Hilfsmitteln, mit denen es möglich wurde, die Natur zu beherrschen und auszunutzen, angefangen beim Faustkeil, beim Rad und beim Pflug bis hin zu Windmühlen, Dampfmaschinen, Motoren, Atomkraftwerken, Computern und Robotern. Mit der Entstehung der neuzeitlichen Wissenschaft gewann die Entwicklung durch die Erkenntnis der Naturgesetze ein rasantes Tempo. Die Welt wurde nun systematisch beobachtet und erforscht. Die größte Revolution löste eine Erfindung aus, die 1875 von Thomas Edison gemacht wurde: die Erzeugung von Strom durch die Umwandlung von Energie. Ohne Elektrizität gäbe es heute kein künstliches Licht, keine Telefone, Handys, kein Radio, kein Fernsehen, keine Kühlschränke, keine Waschmaschinen, keine Computer und kein Internet. Gleichzeitig sorgten die neuesten Erkenntnisse in der Chemie und der Biologie für einen unvergleichbaren medizinischen Fortschritt. Mit der Einführung von Impfstoffen und Antibiotika wurden schwere Krankheiten und Seuchen, von denen die Menschheit Jahrhunderte lang geplagt wurde, erfolgreich bekämpft. Die Pharmaindustrie entwickelte wirksame Medikamente gegen alle möglichen Gebrechen, und den Medizinern kamen technische Geräte wie der Röntgenapparat, die Herz-Lungen-Maschine oder der Herzschrittmacher zu Hilfe, um das Leben der Menschen immer weiter zu verlängern. Mit der Entdeckung der DNA als Trägerin des Erbgutes und als Grundlage des biologischen Reproduktionsprozesses erhielten die Forscher den Schlüssel für die gezielte Veränderung der Eigenschaften aller Lebewesen und für das Klonen, durch das identische Exemplare eines Individuums geschaffen werden können. Frauen lassen sich heute künstlich mit Spermien eines Mannes befruchten, den sie sich aus dem Angebot einer Samenbank herausgesucht haben, weil dieser besonders sportlich und intelligent ist oder ein hervorragendes Immunsystem aufweist.

Wir leben in einer durch und durch künstlichen Welt, aber immerhin sind wir noch Menschen. In hundert Jahren werden vielleicht nur noch von Menschen erschaffene künstliche Lebewesen existieren. Die zu ihrer Zeit verrückt klingenden Zukunftsphantasien von Jules Verne, George Orwell oder den Science-Fiction-Autoren wie Gene Roddenberry sind heute Wirklichkeit. Das für Unmöglich gehaltene wurde möglich. Gerade erst ist durch die Enthüllungen von Edvard Snowden ans Licht gekommen, dass die Geheimdienste im Prinzip jeden Menschen vollständig überwachen und eine gigantische Menge an Daten sammeln. Wenn sie wollen, wissen sie alles von dir und über dich. Du stehst wie der gläserne Mensch, den Orwell in seinem Buch „1984" beschrieb, unter stän-

diger Beobachtung. Du wirst davon nichts mitbekommen so lange du dich im Rahmen des erwarteten und
zugelassenen durchschnittlichen Verhaltens der Masse
bewegst. Erst wenn du davon abweichst, wenn du auf-
fällst, wirst du die Macht kennen lernen, die andere
aufgrund ihres Wissens über dich besitzen.

Wir benutzen meistens die Begriffe „Kultur" und
„Zivilisation", um einen Gegensatz zur Natur auszudrücken. Die Bedeutung dieser Worte hat sich im
Laufe der Jahrhunderte verändert. Das Wort „Kultur"
stammt ursprünglich aus dem Lateinischen, es bezeich-
nete den landwirtschaftlichen Anbau von ausgewähl-
ten Pflanzen, von der Umwandlung der Wildnis in
Ackerflächen bis zur Veredlung und Züchtung von
Nutzpflanzen, besonders von Weinreben. Die Wiesen, Felder und Wälder, die wir heute als „Natur" im
ländlichen Bereich vor den Toren der Stadt erleben,
sind weit entfernt von der ursprünglichen Natur. Es
sind alles Kulturlandschaften, von Landwirtschaft
und Gartenbau umgewandelte, gestaltete und geordnete Flächen. Später wurde diese Bezeichnung für
die landwirtschaftliche Technik auf die Kontrolle der
menschlichen Natur übertragen. Ein Mensch gilt als
„kultiviert", wenn er seine Leidenschaften im Griff hat,
nicht rülpst, vernünftig handelt und ein gewisses Maß
an Bildung besitzt, d.h. wenn er lesen und schreiben
und sich gewählt ausdrücken kann. Dort, wo sich grö-
ßere, geordnete Gesellschaften fanden, die sich durch
besondere geistige Leistungen auszeichneten, wie die
Entwicklung einer Schrift, einer Form der Arbeitstei-
lung, Gesetze, Musik, Theater, Handel und Produktion, spricht man von Hochkulturen. Zu diesen zählen
das Reich der Phönizier, das antike Griechenland, das

Römische Reich, das antike Ägypten, die Kultur der Maya und die chinesischen Kaiserreiche.

Heute würden wir kaum davon sprechen, dass wir in einer Hochkultur leben. Wir leben heute in der „modernen Zivilisation". Unter dem Begriff der Zivilisation fassen wir alles, was es in der Wildnis nicht gibt: sanitäre Anlagen, fließendes Wasser, Heizungen, Strom, Telefon, Fernsehen, Kühlschränke und alle möglichen anderen technischen Geräte. Die Zivilisation ist der Lebensraum, der den größten Abstand zur Natur besitzt. In der Zivilisation ist alles sauber, glatt, steril, künstlich, geordnet und kontrolliert. Du kannst diesen mit Verbissenheit geführten Kampf gegen die letzten Reste der Natur jeden Tag vor deiner Haustür beobachten. Arbeiter, die sich Gärtner nennen, laufen mit dröhnenden Motorgebläsemaschinen durch die Straßen und die Gebüsche, um die Gehwege zu reinigen und um selbst die Grünflächen restlos vom Laub zu befreien. Die ganze Straße soll aussehen wie geleckt.

Der moderne Mensch ist das größte auf Erden lebende Raubtier, dem nichts heilig ist. Leichen pflastern seinen Weg. Er ist nur auf sein eigenes Wohlergehen bedacht. Er rodet die Wälder, verpestet die Luft, das Wasser und die Böden, er zerstört bedenkenlos die Lebensgrundlage von Tieren und Pflanzen, er schlachtet Elefanten ab, nur um das Elfenbein der Stoßzähne zu verkaufen, er hinterlässt Berge von Müll und er hält Abermillionen von Hühnern und Schweinen in engsten Käfigen, stopft sie mit Hormonen und Antibiotika voll, um sie zu schlachten und zu essen. Die Liste der Umweltschäden, die der Mensch durch die Ausbeutung der Natur verursacht, ist unendlich lang.

Alle wissen, dass sie mit ihrem Verhalten den Ast absägen, auf dem wir sitzen. Trotz dramatischer Folgen machen alle so weiter wie bisher, getrieben von blindem Egoismus und geblendet von der Macht der Technik und dem Glauben an den Fortschritt, der alle Probleme schon irgendwie lösen wird.

Der wissenschaftliche und technische Fortschritt der letzten Jahrhunderte führte zu einer radikalen Umwälzung der Lebensweise, zu ständigen Veränderungen, die von vielen Menschen nicht als Verbesserungen empfunden wurden, sondern Unsicherheit auslösten. Sie wurden durch die Ausbreitung der kapitalistischen Wirtschaftsweise gegen ihren Willen gezwungen, alte Ordnungen, Überzeugungen und Traditionen aufzugeben, die den Menschen über Jahrtausende einen festen Platz in der Gesellschaft gegeben hatten. Besonders dramatisch vollzog sich die Entwicklung der Landwirtschaft. Wo einst Knechte und Mägde die Kühe gemolken, die Felder mit Pferd und Pflug beackert und die Kornfelder mit Sensen gemäht haben, übernahmen Maschinen diese Aufgaben. Millionen von Menschen wurden arbeitslos. Sie verloren ihre Heimat, wanderten in die Großstädte, wo sie vielleicht das „Glück" hatten als abhängige Arbeitssklaven in einer Fabrik eine neue, karge Lebensgrundlage zu finden.

Die Menschen sind durch den Fortschritt nicht glücklicher geworden. Sie fühlen sich in der modernen Zivilisation nicht wohl. Sie haben ihre Wurzeln, ihren Lebenssinn, ihre Persönlichkeit, ihren Wert und ihre Orientierung verloren. Sie werden fremdbestimmt und leben in flüchtigen Beziehungen. Viele sind mit der Anpassung an die sich ständig ändernden Verhält-

nisse überfordert. Neue Technologien wie die Atom-
kernspaltung (Atombombe und Kernkraftwerke), die
Biogenetik und die Informationstechnologie (Internet) lösen neue Ängste aus.

Dieses Unbehagen, dieses diffuse Gefühl, dass etwas
nicht stimmt und dass die Menschheit einen falschen
Weg eingeschlagen hat, fand ihren Ausdruck in mehreren sehr unterschiedlichen Protestbewegungen.
1762 veröffentlichte Jean Jacques Rousseau seinen berühmten Erziehungsroman „Emile". Selbstsucht und
Konkurrenzkampf hätten die Gegensätze zwischen
arm und reich verschärft und die Sitten verdorben.
Durch die Entstehung von Eigentum und Arbeitstei-
lung hätten die Menschen ihre Freiheit, die sie im Na-
turzustand besaßen, verloren. Deshalb sollten Kinder
und Jugendliche in einer natürlichen Umgebung aufwachsen, sich körperlich ertüchtigen und sich durch
Beobachtung und praktische Übungen an den Dingen
bilden. Rousseau lebte in einer Zeit, in der die ersten
Fabriken entstanden, in der die Wissenschaft aufblühte
und in der die Aufklärung das selbständige Denken
zum obersten Gebot erhob. Die Existenz Gottes
wurde ebenso in Frage gestellt wie die moralischen
Vorschriften der Kirche. Die Menschen sollten stattdessen rational und vernünftig handeln. Die meisten
Menschen fühlten, dass sie den hohen Ansprüchen
der Aufklärung nicht genügen konnten und vielleicht
auch nicht wollten. Sie wehrten sich innerlich gegen
die Freiheit, die ihnen die Sicherheit der gewohnten
Ordnung nahm.

„Zurück zur Natur" hieß deshalb auch der Leitspruch,
den die deutschen Dichter der Romantik Anfang des

19. Jahrhunderts ihrem Schaffen zugrunde legten. Als Erfahrungsraum durchwanderten die Helden ihrer Romane die Wälder und Landschaften, die die dunkle, mystische und bösartige Seite des menschlichen Seelenlebens widerspiegelten, eben so wie die sonnenbeschienene, harmonische Seite in der Idylle des bäuerlichen Dorfes zum Ausdruck kam als Ort, an dem das verlorene, herum irrende und einsame Individuum seine Erlösung und sein Glück findet. Zu den romantischen Dichtern gehörten Eichendorf, Novalis, Chamisso und der von mir so hoch geschätzte E.T.A Hoffmann.

Für die Romantiker stand der Mensch im Vordergrund, nicht als rational handelnde, vergesellschaftete Arbeitskraft, sondern als Individuum, das sich von seinen natürlichen Gefühlen und Hoffnungen leiten lassen durfte, auch wenn die Erfüllung der Träume unerreichbar blieb und sich stattdessen Schwermut, Zweifel und Todessehnsucht einstellten. An den von den Brüdern Grimm gesammelten Sagen und Märchen lässt sich erkennen, wie nachhaltig die Deutschen von der Natur und besonders vom Wald geprägt wurden. In dem Lied von Franz Schubert „Der Lindenbaum" verschmilzt die ganze deutsche romantische Gefühlswelt in geradezu exemplarischer Weise. Matthias Claudius besang den Mond und die Sterne. In seinem Wandsbeker Boten verherrlichte er die Natur als Schöpfung Gottes.

Du kennst das in einem verschnörkelten Goldrahmen eingefasste Gemälde in meinem Arbeitszimmer. Es hing über vierzig Jahre über dem Sofa im Wohnzimmer meiner Großeltern, die es von dem Maler Bätz, dem Schwager meiner Oma, zur Hochzeit erhalten hatten. Er hat es nach einer damals sehr oft benutzen Vorlage gemalt. Dieses Bild übt eine so faszinierende Wirkung auf den Betrachter aus, die kaum in Worte zu fassen ist. Es zeigt einen herbstlichen Eichen- und Buchenwald, der geteilt wird durch einen breiten Bach, der zunächst schäumend heranbraust, sich dann aber im Vordergrund zu einer stillen, flachen Furt ausbreitet, in der sich die Farben des Laubdaches spiegeln, durch die ein gedämpftes, neblig verhangenes Licht scheint. Man hört das sanfte Plätschern, man spürt diese unendliche Stille des Waldes, man riecht den Waldboden und man wird erfasst von dieser dunklen und doch leuchtenden Magie der knorrigen Bäume, wie sie in der grasbedeckten Erde wurzeln, ihre Äste ausbreiten und nach oben streben. Dieser Wald strahlt so unendlich viel Wärme, Ruhe und Zuversicht aus, dieses Bild spricht sofort tief in unserem Inneren liegende Sehnsüchte und Erinnerungen an. Es ist für mich das Inbild des deutschen Waldes.

Nach Aristoteles umfasst die Natur alles, was durch Bewegung und Ruhe bestimmt wird, durch Werden und Vergehen, durch Geburt, Wachstum und Tod. In der romantischen Musik finden diese gewaltigen Kräfte der Natur ihren Ausdruck, z.B. in der Tondichtung „Die Moldau" von Smetana, in der Hybriden-Ouvertüre von Mendelsohn-Bartholdy oder in Dvoraks Sinfonie „Aus der neuen Welt". Die antipodische Verbindung von Mensch und Natur erleben wir mit in den großen Klavier- und Violinkonzerten von Brahms, Tschaikowski, Rachmaninow und Grieg. Wie das Individuum von der Natur, so hebt sich der Solist vom Orchester ab und ist doch gleichzeitig mit ihm aufs

Engste verbunden. Das Orchester (die Natur) trägt den Solisten und bleibt - bei allem Kampf und Wechsel-spiel - der Urgrund und gleichen Wesens.

Auf der Liste der Anti-Modernen-Naturbewegungen finden sich als nächstes die Wandervogel- und Frei-körperkulturbewegungen Anfang des 20. Jahrhun-derts. Auch die nationalsozialistische Blut-und Boden-Ideologie mit ihrem rassistischen Wahn vom „reinen" Arier zielt auf die Errichtung des Tausendjährigen Reiches als Rückkehr zu einem paradiesischen Natur-zustand. Die durch das soziale Elend verunsicherten Massen richten sich gegen die „Modernen Zeiten" und toben sich in Krieg und Vernichtung aus. In den sieb-ziger Jahren des 20. Jahrhunderts entstand dann die Friedens-, Umwelt- und Antiatomkraftbewegung, aus der die Partei „Die Grünen" hervorgegangen ist, mit ihrem Traum von einem verantwortungsbewussten und schützenden Umgang mit der Natur.

Schließlich gab und gibt es christliche und islamische Fundamentalisten, die glauben, dass nur die Rückkehr in die Vergangenheit zu einer einfachen, von religiösen Gesetzen bestimmten Lebensweise einen Ausweg aus dieser modernen, komplizierten und verdorbenen Welt bietet. Die Gegenwart ist für sie grauenvoll, an-gefüllt mit Übeln, von denen der Mensch nur durch Gott erlöst werden könne. Diese ganzen religiösen, politischen oder individualistischen Bewegungen, die sich gegen die moderne Zivilisation wenden, sind in ihren Ansichten und Methoden sehr unterschiedlich, gegensätzlich und miteinander unvereinbar, dennoch besitzen sie alle ihren Ursprung in dem Unbehagen, das die Entfremdung von der Natur verursacht. Alle suchen nach einer Art Erlösung von dieser Qual durch sehr radikale Ziele und Vorstellungen.

Es geht um die Zukunft der Menschheit und die Rettung der Erde, es geht um das Ganze, um Gut und Böse, Richtig und Falsch, um alles oder nichts. Deshalb benehmen sich die Anhänger der politischen und religiösen Ideologien wie Fanatiker, die ihre Ziele mit allen Mitteln durchsetzen wollen. Sie glauben, dass ihre guten Absichten die Anwendung von Gewalt rechtfertigt und dass die uneinsichtigen Menschen durch Zwangsmaßnahmen wie Terror, Folter oder Krieg zu ihrem Glück gezwungen werden dürfen und müssen. Diese Ideologen sind unerbittliche, totalitäre Diktatoren, die den Menschen das Recht absprechen, ihr Leben selbst zu gestalten. Ihre Herrschsucht verträgt sich nicht mit der Freiheit des Einzelnen. Jeder hat sich ihren Vorschriften, Regeln und Vorstellungen zu unterwerfen, jeder hat zu gehorchen.

Musik, Literatur und die Natur erheben uns über diesen engstirnigen Fanatismus. Besonders das Erlebnis der Natur befreit uns von den Verwirrungen des Geistes und von allen Qualen der Seele. Eine Wanderung durch einen Laubwald oder einen gut angelegten Garten, ein Blick in den Sternenhimmel oder ein Abend am Meer – immer breitet sich in uns ein Gefühl der Ruhe, des Glücks und der Ehrfurcht aus. Wir riechen die Erde, die harzige Waldluft, den Duft von Rosen oder Chrysanthemen, die salzige Meeresbrise, wir hören das Rauschen der Blätter, das Klopfen des Spechts, das Röhren der Hirsche, das Brausen der Ozeanwellen, den Schrei der Möwen, wir sehen in die dunkle Unendlichkeit des Weltalls, in die Ewigkeit. Und aus der Finsternis leuchten die Sterne über uns so erdrückend dicht als ob wir sie greifen könnten. Die Natur, die wir mit allen Sinnen erleben, umfängt uns, sie schenkt uns Entspannung, Vergessen, Kraft, Schönheit und Harmonie.

Was für ein Geschenk ist diese Erde, auf der wir leben! Meere, Berge, Steppen, Wüsten, Seen, Flüsse, der tropische Regenwald, Wasserfälle, paradiesische Südseeinseln mit blauem Wasser und kilometerlangen Palmenstränden, Sonnenschein und Hitze, Regen, Wind und Kälte, der Wechsel von Tag und Nacht, dazu die ganze Tierwelt – bunte Fische, Vögel, Rehe, Hasen, Tiger und Elefanten – und die ganze Pflanzenwelt – Moose, Pilze, Farne, Blumen und Sträucher und Bäume aller Art – diese prachtvolle Vielfalt des Lebens ist ein Wunder. Diesen grünen Planeten mit diesen zahllosen Lebensformen gibt es vielleicht nur ein einziges Mal im ganzen Universum. So wie wir die Würde des Menschen für unantastbar halten, so heilig und unantastbar sollten wir die Natur behandeln. Ihre Erhaltung ist die oberste Pflicht des Menschen, nicht, weil wir uns selbst schädigen, wenn wir unsere Lebensgrundlagen zerstören, sondern weil uns die Erde nicht gehört. Wir sind ein Teil der Natur, deshalb besitzen auch alle anderen Formen des Daseins das gleiche Existenzrecht wie wir. Alles, was existiert hat per se sein eigenes Existenzrecht und damit das Recht der Unversehrtheit. Nichts und niemand darf unter der Verfügungsgewalt eines anderen stehen. Wenn der Mensch der Schöpfer der Welt wäre, könnte er vielleicht daraus das Recht ableiten, seine Werke zu verändern oder zu vernichten. Da der Mensch die Welt nicht geschaffen hat, besitzt er keinerlei Rechte an ihr.

Es ist doch eigentlich sehr merkwürdig, dass mir 21.000 qm dieser Erde gehören sollen. Wer kann mir die Erde oder ein Teil von ihr verkaufen? Mit welchem Recht glauben die Menschen, dass ihnen allein die Erde gehört? Dieser Besitzanspruch ist eine willkürliche Festlegung, die nur deswegen notwendig ist, damit man das Recht des Eigentümers erwirbt, den Grund und Boden zu bearbeiten, zu verändern oder bis zur totalen Erschöpfung und Zerstörung auszubeuten, ohne dafür zur Rechenschaft gezogen zu werden. Die Erde gehört allen und keinem, sie ist die Gesamtheit allen Daseins. Der Begriff des Grundeigentümers stellt demnach einen widerrechtlichen Anspruch da. Wir können uns bestenfalls als eingetragene Sorgeberechtigte für eine bestimmte Fläche der Erde bezeichnen, die die Verpflichtung eingehen, die Qualität dieses Fleckens Natur zu schützen und zu erhalten, besonders deshalb weil Tiere, Pflanzen oder Landschaften nicht in der Lage sind, ihr Naturrecht gegenüber den Menschen einzuklagen.

Die Gesetze dienen nur den Menschen. In ihrer blinden Selbstbezogenheit haben sie festgelegt, dass nur diejenigen Rechte besitzen, die auch Pflichten erfüllen können. Demnach sind nur Personen mit Rechten ausgestattet. Tiere, Pflanzen, Flüsse, Wälder oder Berge werden als „Dinge" eingestuft, die nach den bisherigen Menschengesetzen keine Rechte besitzen. So lange es diese beschränkte Rechtsauffassung gibt, wird es für den Schutz der Natur und die Zukunft dieses wundervollen grünen Planeten schlecht aussehen. Erst wenn die UNO ein Naturrecht als höchstes Gesetz anerkennt und Verbrechen gegen die Natur bestraft, gibt es Hoffnung darauf, dass der Mensch seinen Frieden mit der Natur findet. Ich befürchte, dass die Menschen eines Tages durch höhere Mächte gezwungen werden, diese revolutionäre Veränderung ihrer Überheblichkeit und ihres Herrschaftsanspruchs vorzunehmen. Von selbst werden sie es trotz besserer Einsicht wohl kaum tun, denn das hieße, freiwillig auf vieles zu verzichten. Das wiederum liegt nicht gerade in der Natur des Menschen.

8. Brief:
Über Sport und Bescheidenheit

Liebe Charline,

seit meiner Wahl zum 2. Vorsitzenden des SC Europa ärgere ich mich über die maßlosen Ansprüche und Forderungen der jungen Männer, die in ihrer Freizeit als Amateure in der 6. Liga Fußball spielen. Sie verlangen Schuhe, Trikots, Gehälter und Siegprämien. Es fällt ihnen nicht im Traum ein, die üblichen Mitgliedsbeiträge an den Verein zu zahlen. Sie sind ja die Stars und müssen hofiert werden. Der Vorstand ist nur dazu da, das Geld für sie zu besorgen.

Der Sportbetrieb züchtet solche perversen Anspruchshaltungen durch sein Belohnungssystem. Ursprünglich erhielten die Sieger von Wettkämpfen als Anerkennung für ihre Leistungen Pokale, Geld, mediale Aufmerksamkeit, den Jubel der Zuschauer und die Bewunderung der Frauen. Mittlerweile geht es unabhängig von den tatsächlichen Leistungen darum, einen hohen Belohnungsstatus zu bekommen, denn wer viel Geld erhält, scheint die entsprechenden Leistungen erbracht zu haben. Die Reihenfolge hat sich umgekehrt (lateinisch: pervertiert). Man erhöht seinen Marktwert nicht durch Leistungen, sondern durch Forderungen und überhöhte Selbsteinschätzungen. Die meisten Spieler können dabei dreist und frech auftreten, weil sie selbst daran glauben, dass ihnen die Prämien zustehen.

Diese Erfahrungen geben meiner Abneigung gegenüber der Sportwelt neue Nahrung. Ich habe nie verstanden, wieso Sportler wie Götter verehrt werden. Während meiner Schulzeit am Gymnasium genossen drei große, athletisch gebaute Jungen aus der Parallelklasse die besondere Gunst aller Lehrer und aller Mädchen. Auf dem Kampfgeist und der Geschicklichkeit dieser drei Jungen ruhte der Erfolg der Volleyball-Schulmannschaft. Sie erhielten jegliche Förderung und Sonderrechte, und sie wurden auf einer Siegesfeier im Rahmen des Schulfestes besonders geehrt. Während wir verlassen in unserem Klassenraum an der Popcorn-Maschine standen, jubelten die Massen in der Sporthalle den Spielern zu, die das Ansehen der Schule durch ihre siegreichen Kämpfe ins Unermessliche gesteigert hatten.

Wir dagegen, die Jungen aus der 9 c, wir waren nur die Technik-, Öko- und Wissenschaftsfreaks, pickelige Brillenträger und langweilige Leseratten, die keiner beachtete, nett aber uninteressant. Aber wir hätten die Anerkennung verdient, wir waren die kreativen Köpfe, wir brachten die Schülerzeitung heraus, wir waren es, die Fragen stellten, die diskutierten und die sich für die Gemeinschaft einsetzten.

Die Fixierung auf den Hochleistungssport verdeckt die Bedeutung, die jede Form von Bewegung für die Gesundheit und das Wohlbefinden jedes einzelnen besitzt. Bewegung ist die Essenz des Lebens. Wer sich nicht bewegt ist tot. Ob wir spazieren gehen, joggen, Fahrrad fahren, schwimmen, Staub wischen, ein Zimmer streichen, ein Haus bauen oder den Garten umgraben, auf die Art der Betätigung kommt es nicht an. Wichtig ist, dass wir unseren Körper fordern und fit halten, dass wir unsere Kräfte gebrauchen, damit sie nicht verkümmern. Mit dieser inneren Einstellung lasse ich das Auto stehen und gehe zu Fuß zum Einkaufen. Deswegen gehe ich immer sehr zügig, deswegen laufe ich die Treppen hoch, anstatt mich auf die Rolltreppe zu stellen.

Diese sportliche Betätigung trägt ihren Lohn in sich. Durch die Anstrengung spüren wir unsere Kräfte, wir fühlen uns gesund und glücklich. Ohne Bewegung sind wir stark in unseren Möglichkeiten eingeschränkt, wir stumpfen ab. Agile, dynamische Menschen dagegen sind anpassungsfähiger und aufgeschlossener für neue Erfahrungen. Sie bleiben nicht stehen, sondern entwickeln sich weiter, ihr Gehirn arbeitet, sie sind geistig rege, an der Welt interessiert.

Zu den Pflichten, die wir gegenüber unserem Körper haben, gehören natürlich auch eine gesunde, maßvolle Ernährung, ausreichend Schlaf und der Verzicht auf den Konsum von Tabak, Alkohol und Drogen. Nicht immer gelingt es, sich an diese Gesundheitsvorschriften zu halten. Die Sünden müssen wir dann versuchen, durch zusätzliche Bewegung auszugleichen.

Man muss kein Psychologe sein, um zu erkennen, warum der Sport so eine hohe Wertschätzung genießt. Die Sportler verkörpern ein Ideal an Kraft, Kampfgeist, Geschicklichkeit und Gesundheit, das die normalen Bürger nie erreichen. Stellvertretend für uns sind sie so, wie wir gerne sein möchten. Daher die starke Identifizierung mit einigen Sportidolen oder einer bestimmten Mannschaft. Weil sie sonst nichts mit ihrem Leben anzufangen wissen, begeistern sich die Massen für ihre Idole in den öffentlichen Spielen. Ihr Lebensinhalt besteht darin, Fan zu sein. Eine Beschäftigung und eine Ablenkung zugleich. Die Bewunderung für den Sport oder einen einzelnen Sportler ist ein Anachronismus, also etwas, das früher richtig und wichtig gewesen sein mag, das aber nicht mehr in die heutige Zeit passt. Die Menschen können ihre biologische Prägung, die sie über Jahrtausende erhalten haben, nicht so schnell überwinden. Körperliche Fitness, Mut, Stärke, Ausdauer und Schnelligkeit waren Eigenschaften, die das Überleben in der Natur sicherten. Mensch und Tier standen auf einer Stufe. Die Frau wählte instinktiv den muskulösen Athleten als Erzeuger für den Nachwuchs, weil dieses der sicherste Weg zur Erhaltung der Art war. Aufgrund der biologischen Prägung besitzt der Sport eine starke erotische Komponente. Um ihre Anziehungskraft für die Frau zu erhöhen, entwickelten sich das männliche Imponiergehabe, Angeberei, Eitelkeit und aggressive Schaukämpfe mit Nebenbuhlern. Beobachte einmal deine männlichen Artgenossen und vergleiche ihr Verhalten mit dem von Orang-Utans, Hunden oder Hähnen. Du wirst mit Erschrecken feststellen, wie ähnlich sie sich noch sind. Über die Dummheit der Frauen, die auf diese primitive Männlichkeit immer wieder hereinfallen, reden wir ein anderes Mal.

Nachdem die Menschheit erfolgreich die Herrschaft über die äußere Natur gewonnen und sich über die Erde verbreitet hatte, begann eine Phase, in der die Völker und Zivilisationen gegeneinander kämpften, um die Herrschaft über möglichst viele Menschen und möglichst großen Raum zu erlangen. Ständige Kriege erforderten tapfere, starke, durchtrainierte Kämpfer, die durch die Abwehr von Feinden und durch die Eroberung neuer Länder für Sicherheit und Wohlstand sorgten. Die Bewunderung für die durch ihre körperlichen, sportlichen Eigenschaften herausragenden Helden erhielt nun auch eine gesellschaftliche Bedeutung. Die letzten Kriege in Europa sind noch keine hundert Jahre her, und wenn wir uns in der Welt umschauen, ist festzustellen, dass wir weltweit noch im Zeitalter kriegerischer Auseinandersetzungen leben.

In der modernen, friedlichen, westlichen Zivilisation werden die Männer, die nichts weiter vorweisen können als Muskeln und einen Waschbrettbauch nicht mehr gebraucht. Sie erweisen sich zunehmend als lebensuntauglich. Den Verlust ihrer herausragenden gesellschaftlichen Bedeutung versuchen diejenigen, die nichts anderes können, durch noch mehr Bodystyling, Training und Prahlerei zurück zu gewinnen. Dabei ist es die Aufgabe der Menschheit, ihre archaischen Prägungen zu überwinden. Friedrich Nietzsche schrieb in seinem „Zarathustra": „Der Mensch ist ein Seil, geknüpft zwischen Tier und Übermensch." (Vorrede, 4) Die kriegerisch, pathetisch-blumige Sprache des „Zarathustra" ermöglichte den Nazis in dem „Übermenschen" den unschlagbaren, arischen, hünenhaften Krieger zu sehen, also genau das Gegenteil von dem, was Friedrich Nietzsche mit dem Übermenschen gemeint hatte. Dieser war für ihn jemand, der seine tierischen Triebe vollkommen überwunden hatte, ein freier und selbständiger, wissenschaftlicher, nüchterner, fröhlich und zuversichtlicher Geist, der nicht mehr aus Furcht vor einem Gott von religiösen Moralvorschriften niedergedrückt wurde, sondern in freier Selbstbestimmung die volle Verantwortung für sein Handeln trägt.

Für den Menschen, der nicht mehr durch seine Triebe gesteuert wird, wäre es lächerlich, sich herauszustellen wie diese Fußballspieler, nur um Geld oder Anerkennung zu gewinnen. Er kann sich in Bescheidenheit üben, weil er sich seiner selbst gewiss ist und weil er erkannt hat, wie unwichtig und bedeutungslos der materielle Besitz ist. Er braucht sich nicht in den Mittelpunkt zu stellen, um die Karriereleiter weiter nach oben zu steigen. Diejenigen, die sich selbst und ihre Fähigkeiten kennen, stellen keine Ansprüche. Sie zeichnen sich durch Zurückhaltung und Understatement aus. Sie nehmen sich selbst nicht so wichtig.

Diese Art der Bescheidenheit unterscheidet sich von der üblichen Auffassung, die in der Erwartung der Gesellschaft besteht, man solle bescheiden und zurückhaltend auftreten. Die Menschen sollen den Mund halten, sich anpassen und sich in die gesellschaftliche Ordnung einfügen. Diese Norm der Bescheidenheit dient als Herrschaftsinstrument – und es ist in einer männlich dominierten Gesellschaft nicht verwunderlich, dass man besonders von den Mädchen und Frauen ein bescheidenes, unterwürfiges Auftreten erwartete. Eine Gesellschaft, in der alle Ja und Amen sagen und sich brav an die Vorgaben der Herrschenden halten, mag gut funktionieren. Sie ist dennoch ungerecht, weil einige wenige zu ihrem Vorteil die Menschen unterdrücken und ausbeuten. Sie verstößt gegen den Grundsatz, dass alle Menschen prinzipiell die gleichen Rechte besitzen.

Es schärft unser Denken, wenn wir das Gegenteil betrachten oder die Umkehrung einer Behauptung. Unbescheidenheit ist unvorstellbar bei einer selbstsicheren und in sich ruhenden Person. Unbescheidenheit als Auflehnung gegen Unterdrückung können wir als vorbildlich loben. Unbescheidenheit als ein Verhalten, das erkennbar nur aus Gier oder um des persönlichen Vorteils willen geschieht, ist abstoßend und verwerflich wie jeder das normale Maß überschreitende Egoismus.

Unser Verhalten richtet sich am Ende nach dem, was wir glauben, dass es für unser Glück unbedingt notwendig sei. Für einige ist Gerechtigkeit auf Erden unverzichtbar, für andere sind Besitz, Macht, Konsum oder Liebe die höchsten Ziele und andere erfreuen sich ohne große Ansprüche oder Ziele einfach so am Dasein. Das sind aber meistens nur wohlhabende Menschen, die nicht in Armut aufgewachsen sind und die sich niemals Sorgen um ihre Existenz oder ihre Zukunft machen mussten. Man muss erst einmal alles gehabt haben, um zu erkennen wie unwichtig der Besitz von teuren Handys, teuren Uhren, Taschen oder Autos ist. Erst wer anfängt unter der Sklaverei und der Last des Besitzstrebens zu leiden, wird sich mit Freude in Verzicht und Bescheidenheit üben.

Das Haben-Wollen ist eine Entwicklungsstufe, auf der die meisten Menschen stehen bleiben. Es kommt darauf an, einzusehen, dass man auf dieser Stufe grundsätzlich nicht zufrieden und glücklich werden kann. Es kommt darauf an, irgendwann loszulassen und sich von den sinnlosen Bestrebungen zu befreien. Das ist sehr schwer. Wer könnte das besser wissen als ich, mit meinem Reichtum, meinem Grundbesitz und meinen großen Haus am See, um das mich viele beneiden. Sie kennen nicht die Verpflichtungen, die sich daraus zwangsläufig ergeben, die Zeit, das Geld und die Kraft, die die Pflege und die Erhaltung des Besitzes erfordert. Wer etwas besitzt, ist niemals frei.

9. Brief:
Über Glauben

Liebe Charline,

glaubst du an Gott? Deine Konfirmation steht kurz bevor, bei der du das Glaubensbekenntnis ablegen wirst. Die meisten Jugendlichen betrachten die Konfirmation als eine Veranstaltung, die in unserer Gesellschaft üblich ist und die neben der Aufnahme in die Gemeinschaft der Erwachsenen vor allen Dingen eine ansehnliche, nicht zu verachtende Geldsumme einbringt. Da wird die Frage zur Nebensache, ob man an Gott und alles glaubt, was die Kirche lehrt.

Wahrscheinlich bist du bei der Antwort unsicher. Ja, irgendwie glaubst du an Gott, aber auch nicht so richtig. Da soll ein Gott, von dem niemand weiß, woher er kommt, aus dem Nichts die ganze Welt erschaffen haben, ein allmächtiger und allwissender Gott, der doch nicht eingegriffen hat als Kain seinen Bruder Abel erschlug. Da soll eine Jungfrau einen Sohn geboren haben, der später Wasser in Wein verwandelte und einige andere Wunder vollbrachte. Die Geschichten, die uns die Bibel von Himmel und Hölle, Wiedergeburt und ewigem Leben erzählt, klingen eher wie phantastische, erfundene Märchen, deren Wahrheitsgehalt recht zweifelhaft ist. Indes gibt es Menschen, die jeden Buchstaben der Bibel für die reine Wahrheit halten.

Damit du in der Frage nach Gott etwas Klarheit gewinnst, möchte ich mich mit einigen Überlegungen quasi als Geburtshelfer betätigen. Zunächst trennen wir die Erzählungen der Bibel von der Frage nach Gott ab. Wenn es einen Gott gibt, dann können auch alle Geschichten der Bibel stimmen. Wenn die Geschichten falsch sein sollten, spricht das nicht gegen die Existenz eines Gottes. Also müssen wir als erstes die Frage untersuchen, ob es einen Gott gibt oder geben könnte.

Hast du Gott gesehen? Hast du Gott angefasst, so wie etwas Reales, das existiert, etwas, das Form und Materie besitzt? Nein. Mit unseren Sinnen können wir Gott anscheinend nicht erfassen. Deswegen gibt es keinen akzeptablen Beweis, dass es Gott gibt. Die meisten Menschen sprechen davon, dass sie an Gott glauben, so wie du sagst: „Ich glaube, dass es sieben Uhr ist", wenn du es vermutest, aber nicht genau weißt. Eine Vermutung, egal worauf sie sich bezieht, ist ohne Probleme immer möglich. „Ich weiß nicht, ob es so ist, aber ich glaube, dass es so ist." Ich nehme an, dass du in diesem Sinn an Gott glaubst. Es könnte sein, dass Gott existiert. Vielleicht hältst du es sogar für wahrscheinlich, weil die Welt ja irgendwie entstanden sein muss. Da wir über den Ursprung der Welt nichts wissen, wäre ein Gott als erste Ursache scheinbar eine recht überzeugende und einfache Erklärung.

Von diesem vagen Glauben ist eine andere Bedeutung des Wortes zu unterscheiden. Manche Menschen glauben an Gott mit absoluter Gewissheit, aufgrund einer nicht mitteilbaren, spirituellen Erfahrung. Sie behaupten, dass Gott ihnen erschienen sei. Er habe sich ihnen offenbart als überirdische Macht, die ihnen Zeichen gibt. Sie rufen Gott an, beten zu ihm mit aller Inbrunst, und sie glauben, dass er für alles, was in diesem Universum geschieht verantwortlich ist. Diesen Glauben können wir durch keine Argumente erschüttern, denn es ist nicht möglich, das subjektive Erlebnis dieser Menschen zu widerlegen. Andererseits taugt diese individuelle Offenbarung nicht als Beweis für die Existenz Gottes, da wir die Behauptungen nicht nachprüfen können.

Merkwürdig finde ich, dass in der christlichen, der jüdischen und der islamischen Religion nur ein Gott existiert. Genauso gut könnte es doch mehrere Götter geben. Ebenso auffällig und erklärungsbedürftig ist es, dass Gott, Jahwe oder Allah in diesen Religionen immer als Mann auftritt. Warum ist Gott keine Frau?

Wenn wir Antworten auf diese Fragen finden wollen, müssen wir uns ansehen, wie die Religionen entstanden sind. Woher kommt der Glaube an höhere Mächte? Eine Erklärung finden wir, wenn wir uns die Reaktionen kleiner Kinder auf natürliche Ereignisse wie Regen, Sonnenschein, Wind, Blitz und Donner ansehen. Kinder sind felsenfest davon überzeugt, dass diese Erscheinungen von jemandem verursacht werden, einer mächtigen Person, die unsichtbar ist. Ebenso fest sind sie davon überzeugt, dass Gott den Regen oder den Donner nicht einfach so aus Lust und Laune, sondern mit einer bestimmten Absicht bewirkt. Kinder haben erlebt, wie ihr Vater oder ihre Mutter wütend wurden, wenn sie als Kinder etwas falsch gemacht haben. Diese Erfahrungen übertragen sie auf Gott. Er wird zornig, wenn die Menschen gegen seine Gebote verstoßen, er grollt, er sendet Blitze und verdunkelt den Himmel. Das Alte Testament besteht fast nur aus Geschichten, in denen Gott die Menschen für ihr Verhalten bestraft, angefangen mit der Vertreibung aus dem Paradies, der Sintflut, der Zerstörung von Sodom und Gomorra,

über die Sprachverwirrung beim Turmbau zu Babel
bis zu den Plagen, die er über Ägypten brachte.

Andere Völker und Gemeinschaften in der Früh-
zeit der Menschheitsgeschichte glaubten an mehrere
Götter, die jeweils für einzelne Erscheinungen oder
Bereiche zuständig waren, z.B. für die Fruchtbarkeit,
die Liebe, den Krieg, die Gesundheit, den Weinbau
oder das Meer. In vielen Hochkulturen gab es eine
Vielzahl von Gottheiten, die man durch Opfer und
wohlgefälliges Verhalten gnädig stimmen konnte. Besonders geläufig sind uns heute noch die Namen der
griechischen und römischen Götter, wie Zeus, Hera,
Mars, Venus, Jupiter, Apoll, Aphrodite und Dionysios,
der ägyptischen Gottheiten Isis und Osiris oder der
indischen Götter Shiva und Vishnu.

Überall, wo Menschen zusammen lebten, bildete sich
nicht nur ein individueller Glaube an eine höhere
Macht heraus, sondern eine umfassende Glaubensleh-
re, die im Wesentlichen aus vier Elementen bestand:
1) der Annahme der Existenz einer höheren Macht
oder mehrerer höherer Mächte,
2) aus Vorstellungen über das Jenseits (Himmel, Hölle,
ewiges Leben, Nirwana),
3) aus einem Katalog von Strafen (Bußgebete, Geld-
zahlungen, tätige Reue, Todesstrafen wegen Gotteslästerung, Exkommunizierung, Verbrennung wegen
Hexerei etc.), und aus
4) Personen, die mit Gott oder den Göttern in direkter
Verbindung stehen und in ihrem Namen sprechen
(Priester, Schamanen).

Warum sich die Religionen mit diesen vier Eigenschaften überall auf der Welt herausgebildet und über Jahrtausende die Menschheitsgeschichte geprägt haben und noch lange prägen werden, lässt sich leicht erklären. Die Religionen sind für den einzelnen Menschen und für den Zusammenhalt und die Leistungsfähigkeit einer Gesellschaft überaus nützlich. Als erstes wird jeder einzelne von der Verantwortung entlastet, die er spürt, wenn er sich mit dem erwachenden Selbstbewusstsein als einzelnes Individuum wahrnimmt, verzweifelt nach dem Sinn seines Lebens sucht und täglich eigenständige Entscheidungen treffen muss. Es lebt sich sorgloser und glücklicher, wenn man keine Fragen stellt und die Verantwortung abgeben kann. Ein Gott, die höchste Autorität, sagt den Menschen, was sie tun sollen, was gut und richtig ist. Man braucht nicht mehr selber nachzudenken. Das ist sehr ökonomisch, weil man dadurch Zeit und Energie spart, die das Gehirn sonst verbraucht hätte.

Wer sich sicher ist, welche Ziele und Handlungen gut sind, der setzt sich dafür mit seiner ganzen Kraft ein. Wenn dann noch alle anderen Mitglieder einer Gesellschaft die Überzeugungen und Ziele teilen, lässt sich Außergewöhnliches bewirken, dann lassen sich Pyramiden, eine chinesische Mauer oder Kathedralen bauen. Der Glaube versetzt Berge, er ordnet das Zusammenleben von Menschen, er ist der Kitt, der eine Gruppe von Menschen verbindet und zusammenhält.

Der Glaube und die gemeinsamen Überzeugungen erleichtern das Zusammenleben, weil sich alle Mitglieder vertrauen können. Sie halten sich an die gleichen Regeln, unterwerfen sich den Autoritäten und den Gesetzen. Der Glaube fördert Anpassung und tugendhaftes

Verhalten. Das Individuum geht in der Gemeinschaft auf und wird Teil eines höheren Ganzen. Insofern ist der Glaube außerordentlich nützlich für eine Gemeinschaft.

Auf der anderen Seite ist der Glaube ein tödlicher Fluch, der über der Menschheit liegt. Er führt unmittelbar zu Intoleranz, zu Engstirnigkeit, zu Hass, religiösem Fanatismus, zu Terror und Krieg. Alle Menschen, die nicht einer Glaubensgemeinschaft angehören, werden als Bedrohung empfunden. Wie kann etwas anderes wahr und richtig sein als der eigene Glaube? Wer zweifelt, ist verdächtig. Wer eine andere Meinung vertritt, ist auf dem falschen Weg. Alle Ungläubigen müssen bekehrt, bestraft oder vernichtet werden. Wer nicht für uns ist, der ist gegen uns. Die Verfolgung der Christen im Römischen Reich, die Kreuzzüge der Christen gegen den Islam, die Verfolgung der Juden im Mittelalter, die katholische Inquisition mit der Verbrennung von Ketzern und Hexen sind nur die Spitze blutrünstiger Vernichtungsfeldzüge, die religiös motiviert waren.

Du könntest jetzt einwenden, dass viele Kriege nicht aus religiösen, sondern aus politischen Gründen geführt wurden, z.B. der erste und der zweite Weltkrieg. Damit hast du einen entscheidenden Hinweis geliefert: nicht die Religionen sind die Ursache für die fanatische Grundeinstellung der Menschen, sondern der Glaube egal woran, an Werte, an Führer oder die Gemeinsamkeiten und die Ziele einer Gruppe. Im Zuge der Aufklärung, der Industrialisierung und der Bildung von Großstädten nahm der Einfluss der Kirche im 20. Jahrhundert rapide ab. An ihre Stelle traten nun politische Ideologien. Im ersten Weltkrieg zogen die jungen Männer mit Begeisterung für ihr Vaterland auf die Schlachtfelder. Im 3. Reich übernahm die nationalsozialistische Ideologie die Funktion einer Religion, in der Hitler zum gottähnlichen Führer aufstieg.

Gerade an den rechtsextremistischen Gruppen, die besonders stark im Osten Deutschlands in den Jahren nach der Wiedervereinigung hervortraten, können wir besonders gut erkennen, was dazu führt, dass sich Gruppen, seien es Christen, Muslime, Sekten, Nationen, Parteien, Fangruppen im Fußball oder Jugendgangs in Großstädten unter einem Identifikationspunkt zusammenfinden: Die Ursache für Vereinigung von Menschen zu homogenen Gruppen ist die Urangst, die jedem Individuum von Geburt an mitgegeben wird und die sich als Grunderfahrung über Tausende von Jahren tief in das menschliche Erbgut eingegraben hat. Wir sind als einzelne hilflos, unsicher und sterblich. Unser Leben ist ständig bedroht von Hunger, Krankheit, Naturkatastrophen und Feinden. In Zeiten, in denen sich alte Ordnungen und Orientierungen auflösen, wie nach dem Untergang der sozialistischen DDR im Zuge der Wende, oder eben wie Kirche und Kaisertum Ende des 19. Jahrhunderts, wird die Unsicherheit größer und mit ihr der Wunsch nach einer strikten Ordnung. Die Vereinigung mehrerer Menschen zu einer Gruppe hat sich als beste Überlebensstrategie bewährt. Gemeinsam sind wir stark, und die Idee, die uns vereint, ist unsterblich, weil sie von der nächsten Generation weiter getragen wird.

Die Angst verschwindet niemals ganz, sie lässt sich nicht überwinden, nur verringern. In den westlichen Wohlstandsgesellschaften lässt es sich seit einigen Jahrzehnten relativ sorglos leben. Die Lebensverhältnisse sind in einem hohen Maße gesichert und geordnet. So gut wie heute ging es den Deutschen im historischen Vergleich noch nie, wenngleich sich nicht bestreiten lässt, dass die Hungerlöhne, von denen zunehmend mehr Menschen leben müssen, zu einem Anstieg der relativen Armut führt. Insgesamt ist die Tendenz zur Bildung fanatischer Gruppen dort sehr groß, wo die Lebensgrundlagen bedroht sind und wo große Ängste mit geringer Bildung verbunden sind. Im Moment ist das besonders in der arabischen Welt, in Afrika und einigen Ländern Asiens der Fall. Dort glauben viele, dass die Errichtung eines Gottesstaates alle Probleme lösen wird. Alle sollen sich den religiösen Gesetzen unterwerfen, auch die Könige, Präsidenten oder Stammesfürsten. Die monotheistischen Religionen vertreten einen absoluten Herrschaftsanspruch und führen daher zu totalitären Gesellschaftssystemen, die mit der demokratischen Staatsform nicht vereinbar sind. Demokratie setzt vernünftig handelnde, freie Bürger voraus, die selbständig denken. Zur Demokratie gehören Kritik, das Denken in Alternativen, unveräußerliche Rechte für jedes Individuum, Meinungs- und Pressefreiheit, Schutz von Minderheiten und die Teilung der Gewalten.

Karl Marx bezeichnet die Religionen als Opium fürs Volk, weil sie den Geist vernebeln, von der Erkenntnis ablenken und die wahren Verhältnisse verschleiern. Religionen sind Herrschaftsinstrumente, um Massen zu vereinen. Die Geschichte des Christentums zeigt, dass der Glaube für beides einsetzbar ist: für die Rebellion gegen Herrschende genauso wie für die Legitimation einer Herrschaft. Jesus Christus fand so viele

Anhänger, weil seine Worte das Gegenteil von dem versprachen, was die Menschen unter der Römischen Herrschaft erlebten. Ausbeutung, Armut, Brutalität, Missachtung. Die Menschen sehnten sich nach einem besseren Leben, nach Harmonie, Frieden, Liebe und Erlösung.

„Vater unser im Himmel, Dein Reich komme, Dein Wille geschehe, wie im Himmel so auf Erden …..." Mit dieser Hoffnung auf das ewige Leben im Himmel leisteten die frühen Christen eine Art passiven Widerstand gegen die Römer, denen sie vorführten, dass sie ihnen nichts anhaben können und dass sie keine Macht besitzen, weil es eine höhere Macht gibt.

Die Entstehung des Christentums erklärt auch, warum es das Alte und das Neue Testament gibt. Beide passen überhaupt nicht zusammen, in ihnen stehen zwei gegensätzliche Vorstellungen von Gott gegeneinander. Im Alten Testament begegnet uns ein mächtiger, unerbittlicher, strafender und grausamer Gott, im Neuen Testament ist er plötzlich gütig, weise und mitfühlend. Er schickt seinen Sohn (!) zu den Menschen, um sie zu erlösen und sie durch Wunderwerke von dem Evangelium der Liebe zu überzeugen. Das wäre dem Gott des Alten Testaments niemals eingefallen. Mit einem Gott, der sich genau so aufführt wie die verhassten Römer, konnte Jesus keine Anhänger gewinnen. So erfand er einen vollkommen anderen Gott, einen Gott, so wie ihn sich die meisten damals wünschten.

So wie das „Vater unser" den frühen Christen aus der Seele spricht, so bezeichnend ist das Glaubensbekenntnis für den Herrschaftsanspruch der katholischen

Kirche im Mittelalter. „Ich glaube an die heilige christliche Kirche ……." Sie wollte mit allen Mitteln alle Menschen zu gefügigen Schafen machen, die den Priestern gehorchen und ihren Obolus an die Kirche zahlen.

Bei der Konfirmation meines Neffen Jacob, die in der Katharinenkirche von Osnabrück stattfand, fiel mir auf, dass der Pastor immer wieder in seinen Ansprachen formelhaft die Worte „Unser Herr, Gott der Herr, wir bitten dich, oh Herr" wiederholte. So entstand der Eindruck als ob es Gott wirklich gibt. Für jemanden wie mich, der nicht an einen Gott glaubt, sind das alles leere Worte, Formeln, die ohne Überlegung dahingesagt werden. Schwer erträgliches Geschwafel. Erstaunlich finde ich, wie viele aufgeklärte Menschen den Blödsinn mitsprechen, sich einreihen, nur um der Gemeinschaft und des Friedens willen. Selbst kritische Geister lassen sich einlullen durch Gesang und die gebetsmühlenartige Wiederholung von Worten, die sich im Kopf festsetzen und Dinge als wirklich erschaffen, die überhaupt nicht existieren. Wie leicht lassen sich die Menschen einer Gehirnwäsche unterziehen! Die Religionen, die einen wissenschaftlichen Beweis der Existenz Gottes nie erbringen können, erfanden eine erfolgreiche Methode, um den Menschen den Glauben an Gott einzupflanzen. Durch hartnäckige und ständige Wiederholung werden Fragen erstickt. Man verwendet nur noch die Formulierungen, die man ständig hört. Gott ist in uns, Gott ist unter uns, Gott ist mit uns. Es ist einfach und bequem, das, was man ständig hört, zu übernehmen. Formeln sind einfach zu lernen, auch wenn sie falsch sind.

Alles in Allem ist es nachweisbar und offensichtlich, dass der Glaube und die Vorstellung von Gott abhängig sind von der gesellschaftlichen Situation. Das spricht sehr dafür, dass Gott nur eine nützliche Erfindung der Menschen im Rahmen der Bildung von Gemeinschaften und zur Ausübung von Herrschaft ist. Um nicht auf die psychologisch geschickten Manipulations- und Verführungskünste der Kirchen herein zu fallen, sollte man sich von ihnen fernhalten.

Ungeklärt bleibt die Frage, ob es möglich wäre, dass ein Gott existiert. Diese Frage hat nichts mit dem Glauben zu tun, sondern mit dem Wissen. Wie kommen wir zu einer abgesicherten wissenschaftlichen Erkenntnis und wie finden wir die Wahrheit? Darüber mehr beim nächsten Mal.

10. Brief:
Über Glauben und Wissen (II)

Liebe Charline,

erinnerst du dich noch? Als du acht oder neun Jahre alt warst, hast du mich gerne mit Warum-Fragen gequält. „Warum schmeckt Zucker süß? Warum scheint die Sonne? Warum ist Wasser nass? Weshalb haben einige Menschen grüne, andere dagegen blaue Augen?" Ich ging so gut ich konnte auf diese Fragen ein, weil ich es immer als Herausforderung empfunden habe, die Dinge gründlich, umfassend und nachvollziehbar zu erklären. Du hast meistens genau die Schwachstelle in der Erklärung gefunden. Oft wusste ich nicht mehr weiter, da hattest du das Spiel gewonnen und triumphiert. Erst mal, denn eine offene Frage ließ mir keine Ruhe. Wenn ich etwas nicht wusste, habe ich nachgeforscht. Manchmal kam es vor, dass ich dir erst nach Tagen, wenn du schon gar nicht mehr an die Frage gedacht hast, eine Antwort gab.

Warum ist es so wichtig, alles so genau wie möglich erklären zu können? Weil die Zukunft der Menschheit und die Zukunft des Planeten Erde von der Fähigkeit des Menschen abhängen, Erkenntnisse, Wissen und Einsicht zu erwerben. Das klingt hoch dramatisch und etwas übertrieben. Ich muss dir also erklären, wie ich zu dieser Ansicht gekommen bin. Man könnte aus gutem Grund auch genau das Gegenteil vertreten: So lange wie der Mensch unwissend im Paradies lebte, gab es keinen Streit, keine Ausbeutung, keine Zerstörung, keine Probleme. Erst als der Mensch vom Baum der Erkenntnis aß, kamen Unzufriedenheit, Anmaßung, Krieg Neid und alle anderen Todsünden in die Welt.

Anders gesagt: die unwissenden Indianer hätten nie die Atombombe gebaut. Erst durch die Wissenschaft wurden Dinge möglich, die die Existenz der Menschheit und der Schöpfung gefährden.

Nicht immer, aber auffallend oft sind es Jungen und Männer, die sich für die Naturwissenschaften und die Technik interessieren. Sie nehmen Maschinen auseinander, sie experimentieren, sie untersuchen die Dinge, und sie wollen immer genau wissen, wie etwas funktioniert, weil sich dieses Wissen im Laufe der Evolution als nützlich erwiesen hat. Aus den Beobachtungen wiederkehrender Ereignisse lassen sich Vorhersagen ableiten, die beim Überleben helfen. Wenn ich weiß, dass Rehe im Morgengrauen an einer bestimmten Stelle grasen, brauche ich nicht den ganzen Tag durch die Wälder rennen, um sie zu jagen. Die Kenntnis der Hebelwirkung spart Kraft, wenn ich etwas Schweres bewegen muss. Unwissenheit, Unaufmerksamkeit oder ein kleiner Fehler in der Beobachtung konnten das eigene Leben kosten. Deshalb war es von außerordentlicher Bedeutung, die gesamte umgebende Welt gründlich zu untersuchen und genau zu kennen. Das einzige, was zählt, sind handfeste Tatsachen. Ebenso wichtig war es, die Erkenntnisse den anderen Mitgliedern der Gruppe mitzuteilen und das Wissen an die Jüngeren weiter zu geben. Dazu bedurfte es der Sprache in Form von Bezeichnungen für Objekte (Tisch, Stein, Sonne) und für Eigenschaften (schreit, beißt, ist heiß, ist essbar). Wer eine Aussage macht, - z.B. „der Tisch ist essbar" – behauptet etwas über die objektive Welt, er erhebt damit den Anspruch, dass seine Aussage wahr ist. Wie du gleich sehen wirst, gibt es noch andere Geltungsansprüche, deshalb beansprucht eine sprachlich gefasste Aussage über die Beziehung zwischen einem Sprachelement und einer Sache, auf die sie sich bezieht, die so genannte propositionale Wahrheit.

Über zigtausende von Jahren saßen die Frauen an gesicherten Orten, Höhlen oder einfachen Hütten, beschäftigt mit der Aufzucht von Kindern und der Zubereitung von Nahrung. Ein Wissen über die objektive Welt draußen war für sie nicht so wichtig. Sie lebten in einer geschlossenen sozialen Welt, in des es in erster Linie auf die Regeln des Zusammenlebens, d.h. auf ein richtiges und gutes Verhalten ankam. Mittels der Sprache mussten sich alle auf Werte und Regeln einigen. Mit den Geboten und Verboten in der sozialen Welt wird ebenfalls ein Geltungsanspruch erhoben, der Anspruch auf normative Richtigkeit.

Während die Männer als Jäger und Sammler häufig und längere Zeit abwesend waren, mussten sich die Frauen im Lager gegenseitig beistehen, besonders bei Geburten und bei Krankheiten. Gleichzeitig waren die Frauen Konkurrentinnen, die sich einen starken Beschützer und Ernährer unter den Männern sichern mussten. Bei den Frauen drehte sich also vieles um Vertrauen und Misstrauen. Für sie war es wichtig, ob es die anderen ehrlich meinten, ob sie den Schwüren, Aussagen und Beteuerungen Glauben schenken durften. Die Aussagen über die subjektive Welt, über die Gefühle und Absichten erheben den Anspruch auf Glaubwürdigkeit, d.h. auf expressive Wahrhaftigkeit.

Nun ist es nicht immer klug, anderen ehrlich die Meinung zu sagen oder anderen seine Gefühle zu offenbaren. Um den Frieden zu wahren oder um sich selbst zu schützen, sind alle Menschen in der Lage – einige besser, andere schlechter – zu lügen oder zumindest Gedanken und Gefühle zu verbergen. Wir können auf die innere Befindlichkeit eines anderen Menschen nur aufgrund seiner Äußerungen oder aufgrund von äußeren Anzeichen, insbesondere der Gesten und des Gesichtsausdrucks schließen. Wer lacht ist vermutlich fröhlich, wer grimmig guckt scheint wütend zu sein. Doch ganz sicher können wir nie sein, möglicherweise haben wir einen sehr guten Schauspieler oder einen gewieften Betrüger vor uns. Wie du selbst erlebt hast, kann ich – wenn ich will – sofort so böse und zornig gucken, dass sich empfindliche Seelen erschrecken und zu weinen anfangen, obwohl ich innerlich gar nicht wütend bin.

Ob Fröhlichkeit, Zuneigung oder sogar Liebe ehrlich gemeint sind oder nur gespielt und vorgetäuscht werden, ist nie mit Sicherheit feststellbar. Wie viele Frauen fallen auf Männer herein, die ihnen Komplimente machen, sie anbeten und ihnen ihre Liebe mit heißen Worten schwören – bis sie sie erobert haben. Dann zeigen sie ihr wahres Gesicht. Den umgekehrten Fall, bei dem Männer auf Frauen hereinfallen, gibt es natürlich auch. In der Regel hören alle gerne Lob, Komplimente und Schmeicheleien, während wir eine ehrliche Kritik nicht ertragen und diese selbst dem besten Freund übel nehmen.

Einfacher scheint es zu sein, das zu erkennen, was gut und richtig ist. Wir wissen anscheinend intuitiv wie man sich richtig verhalten sollte. Wir können sofort einige Regeln und Gebote aufzählen: Du sollst nicht töten, du sollst nicht lügen, du sollst nicht stehlen, du sollst nicht ehebrechen, du sollst die Eltern ehren, du sollst Schwächeren helfen. Hinter diesen Regeln stehen positive Werte und Ziele, z.B. der Schutz des Lebens, der Schutz der Familie, der Schutz des Eigentums, Ehrlichkeit, Hilfsbereitschaft und Respekt. Diese Werte verkörpern für uns das Gute. Sie sind irgendwie selbstverständlich und müssen nicht weiter erklärt werden.

Versuchen wir es trotzdem einmal. Warum ist es gut, das Leben zu schützen? Warum ist es nicht gut, das Eigentum der anderen wegzunehmen? Warum ist es gut, hilfsbereit zu sein? Die Antwort darauf ist überraschend einfach: weil es sowohl für die Gemeinschaft als auch für jeden einzelnen vorteilhaft und nützlich ist. Das Nützliche wäre das Gute an sich. Oh je, dieses Ergebnis bringt uns in arge Schwierigkeiten, denn eigentlich ist doch das Gute genau das, was an sich gut ist, unabhängig davon, ob es nützlich ist oder nicht. Außerdem stellt sich die Frage, warum genau das gut sein soll, was für den Menschen nützlich ist. Ist es auch dann noch gut, wenn unser Verhalten die Tiere, die Pflanzen oder die ganze Erde schädigt?

Wäre es nicht besser, den Schutz der Erde und allen Lebens als höchsten Wert, als das absolut Gute festzulegen? Abgesehen davon, dass diese Entscheidung dramatische Konsequenzen für unser gegenwärtiges Leben haben, den Planeten und dadurch die Menschheit aber langfristig retten würde, können wir selbst dieses Wert nicht ausreichend begründen. Warum soll das, was für die Erde insgesamt aus unserer Sicht nützlich ist, nämlich ihre Erhaltung, an sich gut sein? Das ganze Universum besteht aus Veränderungen. Weil etwas früher so war, muss es nicht in Zukunft und für alle Ewigkeit so sein. Man kann mit dem, was ist, nicht das, was sein soll, begründen. Dann beginge man den so genannten naturalistischen Fehlschluss.

Also, was bleibt? Werte und Verhaltensregeln sind Grundsätze für das richtige Handeln, die dadurch ihre Geltung erhalten, dass die Mitglieder einer Gesellschaft diese anerkennen und für sinnvoll halten. Es gibt nicht das absolut Gute, sondern nur Werte und Orientierungen, denen die Menschen einer bestimmten Gesellschaft zu einem bestimmten Zeitpunkt zustimmen. Einige Vorstellungen verändern sich kaum, andere werden aufgrund von Erfahrungen aufgegeben oder ersetzt. Auch verschiedene Gesellschaften oder Kulturkreise leben nach unterschiedlichen Vorstellungen, ja selbst innerhalb einer Gesellschaft gibt es abweichende Ansichten. Schließlich können auch noch die anerkannten Werte untereinander in einen Rangordnungsstreit geraten, wenn konkrete Situationen auftauchen, in denen man abwägen muss, ob es z.B. gut und richtig ist, jemanden zu töten, um die eigene Familie zu schützen.

Wie unterschiedlich die Vorstellungen von Gut und Böse, von Richtig und Falsch sein können, mögen dir nur einige wenige Beispiele verdeutlichen. In den USA orientieren sich viele Menschen an der Vorschrift aus dem Alten Testament „Auge um Auge, Zahn um Zahn". Daher befürworten sie die Todesstrafe für Mörder, ungeachtet der Tatsache, dass sich Richter und Geschworene irren können und dass tatsächlich schon Unschuldige hingerichtet wurden. In Europa, das stärker von der milden Einstellung des Neuen Testaments geprägt wurde, erhalten Verbrecher eine zweite Chance. Man glaubt daran, dass Menschen ihre Tat bereuen und sich verändern können. Ein zweites Beispiel: Die Nationalsozialisten und Hitler hätten niemals ihre Herrschaft aufbauen können, wenn nicht zu dieser Zeit eine Mehrheit der Bevölkerung hinter den Zielen der Nazis gestanden hätte. Die Rassenideologie der Nazis baute auf die weit verbreitete Zustimmung zum Wert der „deutschen" Tugenden: Sauberkeit, Ordnung, Pünktlichkeit und Gehorsam. Die bessere „arische Herrenrasse" glaubte sich berechtigt, das aus ihrer Sicht unwerte Leben auszusondern und zu vernichten: Juden, Behinderte, Sinti und Roma, Kommunisten und alle möglichen „Volksschädlinge". Die Nazis hielten es für richtig, durch Kriege neuen Lebensraum für die arische Rasse zu erobern. Es gibt heute immer noch unverbesserliche, rechtsextreme Anhänger der Nazis, doch die überwiegende Mehrheit der Bundesbürger sind heute glücklicherweise weit davon entfernt, derartige Ziele und Vorstellungen zu teilen. Ein drittes Beispiel: Während unter den Anhängern des Buddhismus das Nirwana als höchstes Lebensziel angestrebt wird, d.h. die über Stufen des Abschieds von allen irdischen Wünschen zu erreichende Einheit mit allem Sein, gilt den Anhängern des Calvinismus Reichtum und Erfolg als erstrebenswert, weil diese ein Zeichen für ein gottgefälliges Leben seien. In einigen Gesellschaften sind Kühe heilig, in anderen sind Alkohol und Schweinefleisch verboten. Veganer halten es für richtig, überhaupt kein Fleisch zu essen. Einige Gesellschaften bestrafen und verfolgen Homosexuelle, während andere Gesellschaften ein ungezwungenes Verhältnis zur gleichgeschlechtlichen Liebe pflegen.

Der berühmte deutsche Philosoph Immanuel Kant unternahm den Versuch, eine Regel zu finden, durch die sich mit absoluter Sicherheit sagen lässt, was gut und richtig ist. Der formale Grundsatz zur Beurteilung von Handlungen ist für ihn der kategorische Imperativ: „Handle so, dass die Maxime deines Handelns jederzeit zugleich als Prinzip einer allgemeinen Gesetzgebung gelten könne." Das, was du willst, ist nur dann gut und richtig, wenn es für alle anderen Menschen zum Gesetz gemacht werden kann.

Der Vorteil dieser Regel liegt auf der Hand: sie schließt die eigene Willkür genauso aus wie die Berufung auf bestimmte „höchste" Werte oder die Berufung auf Gott. Das absolut gute Handeln besteht darin, immer das allgemeine Gesetz, d.h. den kategorischen Imperativ zu beachten. Das klingt überzeugend, doch bei genauerer Betrachtung geraten wir in konkreten Fällen doch wieder in Schwierigkeiten. Ein Beispiel für eine Maxime, die den Anforderungen des kategorischen Imperativs entspricht, ist die so genannte „Goldene Regel": Was du nicht willst, das man dir tu´, das füg auch keinem anderen zu." Du möchtest nicht geschlagen werden, also darfst du selbst niemanden schlagen. Du möchtest, dass du niemals belogen wirst, also darfst du selbst niemanden belügen. So weit, so gut. Doch wie steht es mit dem Grundsatz, dass allen Dieben die rechte Hand abgeschlagen werden soll. Du bist bereit, dass auch dir die Hand abgeschlagen wird, falls du jemals etwas stiehlst, weil du es für richtig hältst, dass Diebstahl zur Abschreckung schwer bestraft werden muss. Du weißt, dass du niemals stehlen würdest, aber falls es doch passiert, willst du, dass du ebenso bestraft wirst wie alle anderen, allein schon aus Achtung vor dem Gesetz. Man kann die extremsten Positionen vertreten, wenn man bereit ist, sich diesen Regeln selbst zu unterwerfen.

Allerdings reicht die eigene Bereitschaft nicht aus, um etwas allen vorzuschreiben. Die Regel muss von allen vernünftigen Wesen gewollt werden können. Die Todesstrafe oder das Abhacken der Hand ist ein Angriff auf Leib und Leben. Kein vernünftiger Mensch kann sich selbst schaden wollen. Bis auf Sokrates, der den Schierlingsbecher trank, nicht weil er das Todesurteil wegen angeblicher Gotteslästerung anerkannte, sondern weil er die Gesetze und die Rechtsprechung für wertvoller hielt als sein eigenes Leben. In konkreten Fragen des gesellschaftlichen Zusammenlebens hilft der kategorische Imperativ nicht weiter. Das, was gut und richtig ist, beruht auf einer Festsetzung durch Mächte, auf einer Mehrheitsentscheidung oder auf einem unausgesprochenen Konsens innerhalb einer Gruppe von Menschen. Das absolut Gute gibt es nur als Idee, als Wunsch, nicht als konkreten Inhalt oder als konkrete Regel.

So scheint am Ende nur die objektive Erkenntnis der Wissenschaft als sichere Wahrheit übrig zu bleiben. Wenn es da nicht auch wieder ein paar Probleme geben würde, die sich nur lösen lassen, wenn man den Anspruch auf absolute Wahrheit einschränkt oder ganz aufgibt. In der Philosophie beschäftigten sich allerhand kluge Denker seit Jahrhunderten mit der Frage, was wir wissen können. Die Bücher zur Erkenntnistheorie füllen ganze Bibliotheken. Ich will dir daher nur kurz einige der wichtigsten Schwierigkeiten aufzählen, auf die man stößt, wenn man das Konzept der Erkenntnis einer absoluten Wahrheit genauer untersucht.

Du weißt aus eigener Erfahrung, wie oft es zu heftigem Streit darüber kommt, was eine Person zu einer anderen Person gesagt haben soll. Lisa erzählt dir, dass Julia gestern erzählt hat, dass du Freunde beklaust. Julia – darauf angesprochen, behauptet, dass sie das nie gesagt hat. Sie hätte nur davon gesprochen, dass du vermutlich den Kopfhörer, den du dir von Timo geliehen hast, noch nicht zurückgegeben hast. Was sollst du nun glauben? Das Problem liegt auf der Hand: da wir die Zeit nicht zurückdrehen können, um das Gespräch zwischen Lisa und Julia selbst zu beobachten, könnten beide recht haben. Julia hätte guten Grund, ihre Aussage abzustreiten, selbst wenn sie dich als Diebin bezeichnet hat. Und Lisa könnte das, was Julia tatsächlich gesagt hat, so aufgefasst oder verdreht habe, wie es ihr gerade passt, um die Freundschaft zwischen dir und Julia zu zerstören.

Genau zuzuhören und das Gesagte so aufzufassen, wie es der Redner gemeint hat, ist eine der größten Schwierigkeiten, die es überhaupt gibt. Wir überhören Dinge, die uns unwichtig erscheinen, während wir bei bestimmten Worten hellhörig werden. Schon beim Hören interpretieren wir die Worte des anderen nach unseren Erwartungen oder Wünschen – und anschließend glauben wir fest, dass jemand etwas gesagt hat, obwohl er es tatsächlich niemals geäußert hat.

Unsere Sinneswahrnehmungen sind keine zuverlässige Quelle für die Wahrheit oder eine absolut sichere Erkenntnis. Wir täuschen uns laufend. Unsere Sinne nehmen etwas für wahr, was in Wirklichkeit vielleicht ganz anders ist oder möglicherweise nicht einmal existiert. Das berühmteste Beispiel für die Sinnestäuschung ist die Fata Morgana, die blühende Oase, die von einem verdurstenden Menschen in der Wüste in der flirrenden Luft am Horizont gesehen wird. Wenn nach einem heißen Sommertag die Sonne untergeht, frierst du bei 200 C, während du im Frühjahr schon bei den ersten Sonnenstrahlen und Temperaturen über dem Gefrierpunkt zu Schwitzen anfängst. Stelle dich für fünf Minuten vor eine blaue gefärbte Wand und schau anschließend auf ein gelbes Blatt. Es erscheint dir Grün.

Es ist offensichtlich, dass unsere Wahrnehmung von unseren Wünschen, unseren Gefühlen, unseren Erfahrungen und der Umgebung abhängig sind. Die Sinnesdaten, die unser Gehirn empfängt, werden dort zu Bildern und Vorstellungen zusammengesetzt. Die Art der Verarbeitung in unserem Gehirn bestimmt, wie uns die Welt erscheint. Wir können nicht feststellen, ob diese im Gehirn erzeugten Vorstellungen mit den Objekten da draußen wirklich übereinstimmen. Die Welt besteht für uns nur aus von uns selbst konstruierten Erscheinungen. Die Welt „an sich" ist nicht direkt erkennbar.

Andere Lebewesen empfangen andere Wahrnehmungen oder würden dieselben Wahrnehmungen höchst wahrscheinlich anders verarbeiten. Die Welt sieht für eine Ameise oder eine Schlange ganz anders aus. Stimmt nun unser Bild von der Welt oder das des Hundes? Es gibt so viele subjektive „Wahrheiten" wie es verschiedene Perspektiven und Wahrnehmungen gibt.

Wir gehen davon aus, dass es tatsächlich materielle Dinge gibt, die unabhängig von unserer Wahrnehmung existieren und die bestimmte Eigenschaften besitzen (primäre Qualitäten wie Gewicht, Größe, Geschwindigkeit), durch die unsere Wahrnehmungen in verschiedener Weise verursacht und erst möglich werden. Da wir aber nur Vorstellungen von diesen Dingen in unserem Kopf haben – Erscheinungen und nichts weiter – können wir die Existenz realer Dinge nur vermuten. Es ist unmöglich, die Existenz einer materiellen Außenwelt anhand unserer Wahrnehmungen zu beweisen. Rene Descartes, der mit seiner Methode des Zweifels alle Gewissheiten in Frage stellte, landete bei seiner Suche nach einem sicheren Ausgangspunkt aller Erkenntnis bei der Feststellung, dass allein die Tatsache gewiss ist, dass ich denke. Cogito, ergo sum. Leider kommt man von diesem Ausgangspunkt ebenfalls nicht zu einem Beweis der materiellen Außenwelt.

Im praktischen Leben zweifelt niemand an der Existenz der Dinge, die wir sehen und fühlen. Für die Wahrheitsfrage haben die Probleme bei der Beweisbarkeit der Außenwelt erhebliche Konsequenzen: es gibt Bereiche, über die wir keine wahren Aussagen machen können. Ob unsere Wahrnehmungen und Aussagen mit den tatsächlichen Eigenschaften der Dinge übereinstimmen, ist prinzipiell nicht feststellbar. Selbst wenn tausend Menschen einer Aussage zustimmen, können wir nur sagen, dass die Aussage mit hoher Wahrscheinlichkeit richtig ist.

Ein weiteres Problem besteht bei der Beobachtung extrem kleiner Objekte. Die Messung subatomarer Teilchen wird durch die Messung selbst beeinflusst.

Wir können überhaupt nicht feststellen, an welchem Ort sich ein Teilchen zu einem bestimmten Zeitpunkt wirklich, d.h. unabhängig von der Beobachtung befindet. Ebenso wenig sind Ereignisse der Vergangenheit direkt beobachtbar. Noch schwieriger ist es, das Universum zu erkennen. Wir sind ein Teil des Universums und können es nicht von außen betrachten. Stell dir vor, du bist ein winziges Elektron in einem Körper – wie willst du erkennen, ob du Teil eines Stuhles oder Teil einer Apfelsine bist? In allen drei Fällen gibt es nur Indizien, Spuren, die wir als Beweis für einen Sachverhalt interpretieren. Dazu brauchen wir Theorien, die aus möglichst genauen Begriffsbestimmungen, einigen Grundannahmen und aus Gesetzen bestehen, aufgrund derer wir Rückschlüsse ziehen können. Wenn wir etwas verstehen und als „wahr" erkennen wollen, führen wir etwas Unbekanntes auf etwas schon Bekanntes zurück. Irgendwann kommen wir dabei zu einem ersten Anfang, der nicht weiter auf etwas anderes zurückgeführt werden kann. Das sind gesetzte Aussagen, die wir für selbstverständlich halten, die so genannten Axiome. Zum Beispiel das mathematische Transitivitätsgesetz: wenn $a = b$ und $b = c$, dann ist $a = c$.

Um Rückschlüsse ziehen und Voraussagen machen zu können, brauchen wir Gesetze, z.B. das Gravitationsgesetz. Gesetze sind wiederum nichts anderes als Allaussagen, die auf Beobachtungen von anscheinend zusammenhängenden Ereignissen beruhen. „Immer wenn Bazet im Raum ist, verliere ich beim Billardspiel" Aufgrund dieses Gesetzes kann ich voraussagen, dass ich morgen das Billardspiel verlieren werde, wenn Bazet anwesend ist. Sollte ich gewinnen, reicht dieses einzige Gegenbeispiel aus, um das Gesetz zu widerlegen. Ich könnte natürlich das Gesetz um Ausnahmen erweitern oder genauer fassen. Bisher war ich immer mit Bazet alleine im Raum, jetzt war zusätzlich Michelle anwesend. Also könnte das Gesetz genauer lauten: „Immer wenn Michelle und Bazet im Raum sind, gewinne ich das Billardspiel." Diese Zusatzbedingungen müsste ich wahrscheinlich immer mehr ausweiten, bis ich alle Umstände erfasst habe, die es gibt. Am Ende komme ich dann zu einem „Gesetz", das eigentlich nur für einen einzigen Fall gilt: „Immer dann, wenn alle Umstände absolut gleich sind, tritt das Gleiche ein." Das ist aber kein hilfreiches Gesetz mehr, sondern eine Tautologie, durch die nichts erklärt wird. $a = a$. Daraus lässt sich nichts ableiten, beweisen oder voraussagen. Diese Aussage bringt keinen Erkenntnisgewinn.

Wir du siehst, ist die Erkenntnis von absoluten Wahrheiten, z.B. von absolut und ewig geltenden Gesetzen immer eine Erkenntnis unter Vorbehalt. Auch wenn vieles mit hoher Wahrscheinlichkeit wahr ist, bleibt ein Rest von Unsicherheit.

Das Konzept der wissenschaftlichen Wahrheits- und Erkenntnisgewinnung bietet viele Vorzüge. Im Gegensatz zu religiösen Glaubensinhalten sind die Behauptungen überprüfbar. Alle Aussagen werden von der Wissenschaft grundsätzlich als Hypothesen aufgestellt, d.h. als Annahmen, die nicht von vornherein, sondern nur möglicherweise wahr sind. Alle Behauptungen werden einer gründlichen und genauesten Überprüfung unterzogen. Dabei können sich die Wissenschaftler auf zwei Instrumente stützen: einmal auf die Beobachtung, durch die eine Übereinstimmung der Aussage mit der Wirklichkeit geprüft wird, und auf die Logik, durch die eine Übereinstimmung der Aussage mit sich selbst und anderen Aussagen festgestellt werden kann. Die Aufdeckung von Widersprüchen ist eine wesentliche Aufgabe eines Wissenschaftlers. Wenn zwei Menschen in einem Zimmer sind und der eine behauptet: „Das Licht ist an", während der andere sagt: „Das Licht ist aus", so kann nur eine Aussage wahr sein, weil die Behauptung a = b und a = nicht b nicht stimmen kann. Genauso ist die Behauptung a = nicht a logische ausgeschlossen.

In jedem Fall gilt die logische Wahrheit: von zwei Behauptungen, die sich widersprechen, kann nur eine wahr sein. Die Logik kann nicht feststellen, ob Aussage a oder nicht a inhaltlich richtig ist, aber sie kann auf einer höheren Ebene – der so genannten Meta-Ebene – die formale Wahrheit von Aussagen feststellen. Das hilft besonders bei Schlussfolgerungen, die sich aus einer Behauptung ergeben. „Alle Kinder haben Eltern. Katrin hat keine Eltern. Also ist Katrin kein Kind." Da scheint etwas nicht zu stimmen, aber rein logisch ist die Schlussfolgerung richtig, weil sie aus den beiden Ausgangssätzen abgeleitet werden kann. Erst wenn gleichzeitig die ebenfalls in sich wahren Sätze gelten sollten: „Alle Kinder sind jünger als 13 Jahre. Katrin ist 6 Jahre, also ist Katrin ein Kind", geraten beiden Aussagen zusammen in einen Widerspruch.

Der griechische Philosoph Sokrates verwickelte die Bürger von Athen in Gespräche, in denen er durch Schlussfolgerungen, bohrendes Nachfragen und die Aufdeckung von Widersprüchen ihr sicher geglaubtes

Wissen erschütterte. Die sokratische Methode, mit Hilfe der Logik die Meinungen der Menschen zu untersuchen und zu hinterfragen, führte ihn zu der Erkenntnis, durch die er heute noch berühmt ist: „Ich weiß, dass ich nichts weiß". Bei den Bürgern hinterließ er mit seiner hartnäckigen Fragerei Unsicherheit, Ratlosigkeit und Wut. Sie klagten ihn wegen Verführung der Jugend und Gotteslästerung an. Er wurde schuldig gesprochen und zum Tod durch den Giftbecher verurteilt.

Mit Sokrates, dem ersten Wissenschaftler, beginnt die Spaltung der Menschheit in gläubige Menschen, die das übernehmen und sogar vehement verteidigen, was ihnen Götter, Religionsführer oder andere Autoritäten vorgeben, und die denkenden Menschen, die sich ihres eigenen Verstandes bedienen. Die Emanzipation vom Glauben, die Loslösung von den Göttern prägt seitdem die Menschheitsentwicklung. Durch die Geschichte zieht sich bis heute ein blutiges Grundkonflikt zwischen Gläubigen und Ungläubigen. Der Prozess gegen Sokrates bildet dazu den exemplarischen Auftakt.

Der Mensch ist das Tier mit Sprachvermögen und einem reflektierenden Gehirn, das ihn zum Gebrauch des Verstandes befähigt. Die dadurch ermöglichte Selbständigkeit des Denkens und Handelns untergräbt langfristig jeden Glauben. Der Weg des Glaubens mag bequemer sein, weil man sich auf traditionellen, bewährten und anscheinend sicheren Bahnen bewegt, doch es gibt kein Zurück hinter die unerbittliche Konsequenz des Denkens.

Für mich gab es nie einen Zweifel, auf welcher Seite

ich zu stehen habe. Als Kind erlebte ich täglich die Verzweiflung meines strengen und disziplinierten Vaters, wenn meine Mutter ihre von Halbwissen durchsetzten, emotional gefärbten Meinungen über Gott und die Welt äußerte, überhaupt zu allen Dingen etwas sagte, von denen sie nicht die geringste Ahnung hatte. Fast resignierend korrigierte er sie, wenn sie wieder einmal Gustav Heinmann für den Bundeskanzler hielt, obwohl er zu der Zeit der Bundespräsident war. Für meine Mutter machte das keinen Unterschied. Mein Vater konnte über solche Ungenauigkeiten und solche Nachlässigkeit geradezu wütend werden. Jede Art von Dummheit und Plattheit quälte ihn unermesslich, er verzog sein Gesicht mit schmerzvoll verbissener Miene. Wie sehr muss ihm damals der geniale Zeichner Loriot aus der Seele gesprochen haben, als er das Gespräch eines Ehepaares über das Fünf-Minuten-Ei veröffentlichte. Wenn du diesen Spot nicht kennst, musst du ihn dir unbedingt ansehen.

Glauben braucht zur Durchsetzung fremde Autoritäten oder notfalls Gewalt. Wissen überzeugt durch sich selbst und durch seine Überprüfbarkeit. Eine wissenschaftliche Einstellung und Herangehensweise ist die bessere ethische Lebensgrundlage. Sachlichkeit und Vernunft, Misstrauen gegen alle absoluten Wahrheiten, Disziplin, Genauigkeit in der Beobachtung und der Sprache, Offenheit, Kritik und Diskussion, Vorsicht bei allen Äußerungen, Zurückhaltung, fortwährende Überprüfung aller Behauptungen, das Bedenken von allen Möglichkeiten – das ist die Basis für Toleranz, Respekt und ein friedliches Miteinander.

Diese wissenschaftliche, philosophische Lebenshaltung findet gegenwärtig nur wenige Anhänger in der Praxis. Die meisten Menschen lassen sich von persönlichen Interessen und Emotionen leiten. Das Streben nach Vergnügen, Liebe, Bequemlichkeit, Ansehen, Macht und Reichtum beherrscht das Verhalten von Personen und von Staaten, Unternehmen und Verbänden. Sie behaupten, dass alle Menschen grundsätzlich nur subjektiv urteilen könnten. Es sei dem Menschen unmöglich, einen überpersönlichen, objektiven Standpunkt einzunehmen. Daher bliebe nichts anderes übrig, als seine Interessen kämpfend durchzusetzen. Glaube diesen Egoisten nicht. Kein anderes Lebewesen auf diesem Planeten außer dem Menschen ist zur Selbsterkenntnis fähig. Im Dialog mit anderen und durch Selbstbeobachtung gewinnt man Schritt für Schritt Einsicht in die Bedingtheiten des eigenen Denkens und Handelns. Damit erhält der Mensch zugleich das Mittel, um sich selbst zu befreien und seine subjektiven Ansichten Stück für Stück zu überwinden. Das ist ein langer Prozess, bei dem wir uns einem objektiven Standpunkt annähern können, immer im Bewusstsein, dass es eine absolute Sicherheit und Wahrheit nicht geben kann. „Erkenne dich selbst" – dieser Spruch über dem Eingang des Orakels von Delphi ist die Aufgabe für Dich, genauso wie für die Menschheit schlechthin. Erst die Selbsterkenntnis macht uns zum Menschen. Sie erhebt uns über uns selbst.

11. Brief:
Was soll aus dir werden?

Liebe Charline,
wenn das Ende der Schulzeit und die Volljährigkeit näher rücken, ergibt sich zwangsläufig die Frage, wie es danach weitergehen soll. Noch ist alles ungewiss und offen. Abgesehen davon, dass du dich selbst damit beschäftigst, welchen Weg du einschlagen willst, tauchen nun Eltern, Großeltern, Verwandte, Nachbarn und Bekannte mit gut gemeinten Ratschlägen auf. In ihren Vorschlägen klingen Erwartungen durch, schon sehr präzise Hoffnungen, wie du dich entwickeln sollst. Die einen sehen dich als Lehrerin, andere als Köchin oder Malerin. Die einen halten es für das Beste, dass du studierst, andere meinen, es wäre sinnvoller eine Lehre zu machen oder etwas Lebenserfahrung durch ein freiwilliges soziales Jahr zu sammeln.

Diese Prozedur muss wohl jeder Jugendliche über sich ergehen lassen. Im einzelnen sind die Ratschläge meistens wenig hilfreich und eher lästig. Das einzige, was du spürst, ist der Druck, der allein dadurch entsteht, dass alle glauben, dass die Berufswahl eine außerordentlich wichtige Entscheidung ist, weil sie dein ganzes Leben bestimmen wird. Ebenso eindeutig ist für dein Umfeld – und wohl auch für dich -, dass du einen Beruf wählen musst, um Geld zu verdienen und auf eigenen Beinen zu stehen. Deine Mutter wird schon dafür sorgen, dass du nicht zuhause rumhängst oder dich in der süßen Hartz-IV-Hängematte ausruhst.

Ich sehe die Dinge gelassener und natürlich ganz anders. Als ich in deinem Alter war, wusste ich vor allem, was ich nicht wollte, nämlich so zu leben wie meine Eltern, die von morgens bis abends arbeiteten, um sich ihr Häuschen, ihren Wohnwagen und ihren Urlaub leisten zu können. In den drei Jahrzehnten nach dem II. Weltkrieg, nach dem Zusammenbruch des III. Reiches suchte die Nachkriegsgeneration nach einer neuen Orientierung. Für die Menschen in der Ostzone, der späteren DDR, lag die Zukunft im Aufbau einer sozialistischen Gesellschaft. In Westdeutschland führte der Weg aus Not und Elend an der Seite der Amerikaner zur kapitalistischen Wirtschaftsweise und zum deutschen Wirtschaftswunder. Die soziale Marktwirtschaft versprach allen, die bereit waren, hart zu arbeiten, Wohlstand und den gesellschaftlichen Aufstieg. Alle Arbeitskräfte wurden für den Wiederaufbau gebraucht. Arbeit, ein Häuschen im Grünen und eine nette Familie mit zwei Kindern - das war damals der übliche Lebensentwurf.

Mir war das nicht genug. Ich wollte alle Fesseln sprengen. Ich wollte kein Mühlrad, kein namenloses Arbeitstier sein, das immerzu den Anweisungen von Vorgesetzten gehorcht. Ich wollte nicht diese biedere, genormte Familienidylle, in der es nur um materielle Ziele ging.

Damals traten die negativen Folgen einer auf Wachstum und Gewinn ausgerichteten Wirtschaftsweise ins Bewusstsein: das Sterben der Bäume durch den sauren Regen, die Abholzung der Regenwälder, die Verunreinigung von Luft und Wasser durch den Einsatz von Chemikalien in der Landwirtschaft und der Industrie, das Aussterben von Pflanzen- und Tierarten, Smog, das Entstehen von Zivilisationskrankheiten, die Klimaveränderung durch den ungeheuren und stetig wachsenden Verbrauch von fossilen Brennstoffen wie Öl, Gas und Kohle. Dazu kamen die Bevölkerungsexplosion in den Ländern der III.-Welt, deren Rohstoffe von der westlichen Welt ausgebeutet wurden, der Bau von Atomkraftwerken mit dem unkalkulierbaren Risiko einer atomaren Verseuchung wie sie später in Harrisburg und Tschernobyl auftraten und die Aufrüstung der beiden Machtblöcke mit Atomraketen, die zu einer Auslöschung der gesamten Menschheit und einer Zerstörung der Erde führen konnten.

So konnte und durfte es nicht weitergehen. Hunderttausende von Menschen engagierten sich in der Friedens-, der Umwelt- und der Antiatomkraftbewegung. Du kannst dir heute kaum vorstellen, welcher Aufruhr in den Köpfen der Menschen, in den öffentlichen Diskussionen und der ganzen Gesellschaft herrschte. Genauso wie fast alle Jugendlichen meiner Generation wurde ich von diesem Kampf für eine andere und bessere Welt erfasst. Wir mussten die Welt vor dem Untergang retten. Das war unsere, das war meine Aufgabe. Wie das zu erreichen sei, darüber gab es sehr unterschiedliche Vorstellungen. Die Feministinnen glaubten, dass die Herrschaft der Männer beseitigt und durch ein Matronat ersetzt werden müsse; die Ökos versuchten ihren Beitrag durch eine bewusste und gesunde Lebensweise zu leisten. Sie verzichteten aufs Auto, sparten Strom, strickten Socken aus heimischer Schafwolle und kauften nur Lebensmittel aus ökologischem Anbau. Die Sozialisten und Kommunisten hofften auf eine revolutionäre Umgestaltung der Gesellschaft, durch die das kapitalistische System abgeschafft und mit der Vergemeinschaftung des Besitzes die größte Ungerechtigkeit, der Gegensatz von Arm und Reich verschwinden würde. Auf eine Veränderung der Gesellschaft von oben setzten die Parteigründer der Grünen. Sie wollten auf demokratischem Weg an die Macht kommen, um durch andere Gesetze alle Bereiche des Zusammenlebens auf eine ökologische, nachhaltige und sozial gerechte Weise umstellen zu können. Schließlich gab es noch die von der Hippie-Bewegung inspirierten Gammler und Aussteiger, die sich komplett verweigerten. Sie sahen keinen Sinn darin, sich zu engagieren, zu diskutieren und zu protestieren, zu arbeiten oder überhaupt in der bestehenden Gesellschaft mitzuwirken. Nur ein radikaler Neuanfang bot die Chance, alles anders zu machen. Viele der Aussteiger wanderten in mediterrane Länder oder nach Indien aus, wo sie in alte, verlassene Höfe zogen, Oliven oder Wein ernteten und ansonsten ein genügsames, sehr ursprüngliches und freies Leben führten.

Alle diese Wege und Möglichkeiten bewegten und beschäftigten mich. Die Feministinnen fand ich zu verkrampft und zu engstirnig, aber ansonsten war ich alles zugleich. Ich war Öko, Sozialist, Aussteiger und Umweltaktivist. Ich demonstrierte für die Hafenstraße, gegen den Polizeistaat, für die Abrüstung und gegen Atomkraftwerke. Auf meinem Trompetenkoffer klebte das gelbe Emblem der Anti-Atomkraft-Bewegung. Ich trug als Zeichen des Protestes lange Haare, einen langen Bart und einen grünen Parka. Schließlich trat ich in die GAL ein, die Hamburger Partei der Grünen.

Was sollte nun aus mir werden? Du kannst dir vorstellen, was es für einen riesigen Krach, was es für eine explosionsartige Auseinandersetzung zwischen mir und meinem Vater gab als ich ihm mitteilte, dass ich erst einmal ein oder zwei Jahre durch die Welt trampen wollte, so wie mein Onkel. Dafür hatte ich jahrelang Zeitungen ausgetragen und das Geld zurückgelegt.

„Solange du hier wohnst und von unserem Geld mit lebst, wirst du nicht rumgammeln, sondern eine Ausbildung machen und arbeiten." Das wutentbrannte, energische Brüllen meines Vaters, dessen Augen funkelten, während seine Backenknochen zuckten, duldete keinen Widerspruch. Einen Tag später schlug er mir vor, bei der Firma Jungheinrich, wo er selbst als Refa-Techniker arbeitete, eine Lehre als Maschinenbauer zu machen. Schließlich würde man in der Metallindustrie überdurchschnittlich gut verdienen. Der Maschinenbau sei eine Schlüsselindustrie für das Exportland Deutschland, Ingenieure werde man immer brauchen. Ich bekäme einen sicheren Arbeitsplatz.

Nichts lag mir ferner als in die Fußstapfen meines Vaters zu treten. Wenn ich schon gezwungen wurde, in eine Lehre zu gehen, dann musste es ein Beruf sein, bei dem ich mit der Natur oder mit Menschen zu tun hatte. Lange Zeit träumte ich davon, als Entwicklungshelfer in Afrika oder Indien beim Bau von Brunnen oder Schulen mitzuhelfen. Daraus wurde nichts, weil eine abgeschlossene handwerkliche oder pädagogische Berufsausbildung von den Bewerbern beim Deutschen Entwicklungsdienst gefordert wurde. Es klingst heute absolut verrückt, wenn ich daran denke, aber lange Zeit gab ich mich ernsthaften Überlegungen hin, ein Kloster zu bauen, in dem eine Gemeinschaft von Aussteigern unter dem Leitstern des Franz von Assisi ein vorbildliches, naturverbundenes Lebens führte, eine Gemeinschaft, die in der Verbindung von körperlicher Arbeit auf den Feldern und geistiger Sammlung durch Meditation und Philosophie zu innerer Ausgeglichenheit finden sollte. Ein geeignetes Gelände für das Kloster, mit Wiesen, Wald und einem Bach hatte ich schon in der Umgebung des Dorfes Wiegersen gefunden und ins Auge gefasst. Nächtelang zeichnete ich die Klosteranlage mit Kreuzgängen, Speisesaal, Schlafräumen, einer Bibliothek und Versammlungshallen, einem Kräutergarten mit einem in der Mitte plätschernden Kaskadenbrunnen, Ställen, Vorratskammern und einem weitläufigen Park mit lauschigen, rosenumrankten Plätzen. Das Projekt scheiterte am fehlenden Geld, trotzdem scheint es mir heute so, als hätte ich diesen Plan innerlich nie aufgegeben. Beim Kauf des Demener Gutes entfaltete er noch zwanzig Jahre später im Hintergrund eine entscheidende Nachwirkung.

Auf keinen Fall wollte ich nach dem Abitur studieren. Ich war froh, die Schule hinter mir zu haben. Von der 10. Klasse an steigerte sich meine Unlust, zur Schule zu gehen mit jeder Stunde, in der ich mir Dinge anhören musste, die ich entweder nicht verstand oder die ich für unwichtig hielt. Genauso ging mir das unreife, intellektuell abgehobene Geschwätz meiner Mitschüler auf die Nerven, die nicht bemerkten, dass sie behütet und umsorgt auf einer Schäfchenwolke saßen, von der sie auf eine Welt hinunterblickten, die sie nur durch angelerntes Buchwissen kannten. Sie alle würden den bequemen Weg gehen, studieren, um dann als Lehrer, Wissenschaftler, Ärzte und Anwälte zu arbeiten. Die meisten Freunde erwarteten von mir, dass ich ebenfalls studieren werde, schließlich gehörte ich ja selbst in nicht geringem Maße zu den intellektuellen Klugscheißern.

Ich entschied mich damals bewußt gegen mich selbst und gegen den einfachen Weg. Um die Forderung meines Vaters zu erfüllen und gleichzeitig all dem, was ich wollte und nicht wollte zu entsprechen, gab es nur eine Lösung: eine Ausbildung im Garten- und Landschaftsbau. Die meisten Betriebe nahmen keine Abiturienten, weil sie die Lehrlinge, die sie ausbildeten, als dauerhafte Arbeitskräfte brauchten. Nach mehreren schriftlichen Bewerbungen und Absagen entschloss ich mich, anders vorzugehen. Ich fuhr direkt zur Baumschule Kähler am Reinbeker Redder und stellte mich beim Chef vor, der zunächst skeptisch reagierte, aber auf mein Angebot eines dreiwöchigen Praktikums einging. Eine Woche später stand ich auf dem Feld, und die Gesellen bürdeten mir alle Drecksarbeiten auf, die ihnen einfielen. Am Ende erhielt ich meinen Lehrvertrag, nicht ohne die Fürsprache meiner Mutter, die dem Chef Wilfried Kähler davon erzählte, wie ich schon als Kind im Kleingarten meiner Großeltern mit Begeisterung beim Umgraben, Pflanzen und Jäten geholfen habe. Mit der Lehre begann eine neue Zeit für mich, ein neues Leben, über das es viel zu erzählen gäbe. Es war mit Abstand die schönste Zeit meines Lebens.

Wenn man zurückblickt, erscheint das eigene Leben wie eine lange Zugfahrt von einem Punkt A zu einem Punkt B, mit einigen Stationen, die folgerichtig auf der Strecke liegen. Zufälle bestimmten diesen Weg genauso wie der eigene Wille. Erst spät erkennt man die von anderen gestellten Weichen, über die man unbemerkt fuhr, aber auch Stationen, an denen man hätte aussteigen können, um in einen anderen Zug mit einem anderen Ziel einzusteigen. Man kann im Leben nicht zurück und man kann leider nicht gleichzeitig in mehrere Richtungen fahren. Meistens bleibt man aus Bequemlichkeit im Zug sitzen oder weil man eine falsche Vorstellung vom Ziel der Reise hat. Viel zu spät habe ich erkennen müssen, wohin mich einige wichtige Entscheidungen geführt haben. Trotz meiner Vorsicht stürzte ich von Hoffnungen und Wünschen und seltsamen Idealen getrieben ungestüm in Abenteuer und Beschäftigungen, die mich sicherlich zeitweise glücklich machten, gleichzeitig aber alle anderen, ebenso erstrebenswerten Wege und Möglichkeiten verbauten.

Warum erzähle ich dir das alles? Was hat meine Geschichte mit dir zu tun?
Natürlich möchte ich meine Erfahrungen weitergeben, in der Hoffnung dich vor ähnlichen Fehlern zu bewahren, wie ich sie begangen habe. Meine Erkenntnisse können dir vielleicht dabei helfen, deine Entscheidungen zu treffen. Die erste Erkenntnis ist, dass es drei für das eigene Leben bestimmende Entscheidungen gibt:
1. die Wahl des Berufs,
2. die Wahl des Wohnorts und
3. die Wahl des Partners.

Bei der Berufswahl solltest du drei Kriterien zugrunde legen:
1. Welche Richtung bietet den besten Ausgangspunkt für Veränderungen? Welcher Beruf besitzt ein Potential für vielfältige Entwicklungen?

2. Welcher Beruf bietet bei einem relativ gutem Einkommen die größten Freiräume für die Verfolgung eigener Interessen?

3. Welcher Beruf lässt sich gut mit dem Familienleben vereinbaren? Und welcher Beruf bietet die besten Chancen, einen gleich gesinnten und gleich gestellten Lebenspartner zu finden?

Entsprechend dieser Kriterien ist dein Ziel, Grundschullehrerin zu werden, gut gewählt. Es steht im Einklang mit deiner ganzen Persönlichkeit und deinen Fähigkeiten. Mit dieser Feststellung könnte ich diesen Brief beenden. Doch mit Absicht habe ich nicht die Frage gestellt: „Welchen Beruf solltest zu ergreifen?", sondern die weitergehende Frage aufgeworfen: „Was soll aus dir werden?"

Die meisten Menschen stellen sich nicht die Frage, was sie aus ihrem Leben machen sollen. Ihre Ziele sind ganz pragmatisch auf ihr Auskommen, die Familie und ihr Vergnügen gerichtet. Einige begehren darüber hinaus noch Macht, Erfolg, Ansehen und Reichtum. Ganz anderes steht für die Idealisten im Vordergrund. Sie fühlen die Verpflichtung, ihr einmaliges Leben für die Bildung ihrer Persönlichkeit und für die Verbesserung der Welt zu nutzen. Ihre Ideale sind die persönliche Vollkommenheit, Frieden, Freiheit, Gerechtigkeit und Menschlichkeit.

Man kann die Menschen anhand der Weite ihres Horizonts in drei Gruppen einteilen: die große Masse der Arbeiter und Angestellten, die durch die Erfüllung spezieller Aufgaben das wirtschaftliche und gesellschaftliche System am Laufen halten. Die zweite

Gruppe bilden die Führungskräfte in der Politik, den Unternehmen und den großen Organisationen (Kirchen, Gewerkschaften, Verbände, Rotes Kreuz usw.) Der Blick dieser kleinen Gruppe von Personen geht über das private Glück und Auskommen hinaus. Sie versuchen, die Gesellschaft insgesamt oder Teilbereiche zu gestalten, zu verändern oder anzupassen, um das System oder Teilsysteme unter einer langfristigen Perspektive zu erhalten.

In die dritte Gruppe gehören wenige, exzeptionelle Einzelpersonen, Künstler und Philosophen, die jenseits aller praktischen und profanen Zielsetzungen stehen. Viele gelten als egozentrisch, unzuverlässig und anstrengend, andere als trocken, langweilig und humorlos. Einige konzentrieren sich verbissen auf ein einziges Ziel, andere schwanken, suchen, immer bereit für neue Erfahrungen und neue Projekte. Sie begreifen das Leben als Abenteuer, als Forschungsreise und manchmal auch als Kampf für ihre Ideen und Ideale. Allen gemeinsam ist die unbändige Kraft, die sich immer auf das Höchste, das Absolute, das Unbedingte und das Ganze richtet. Sie sind Existentialisten, die bereit sind, alles zu geben und alles aufzugeben. Sie sind bereit, ins absolute Nichts einzutauchen als Konsequenz aus der Sinnlosigkeit unseres gesamten Daseins. Diese Personen, die keine Tabus kennen und alle Ansprüche der Gesellschaft ignorieren, erscheinen für den normalen Bürger als verdächtig, als gefährliche Subjekte, die die gesellschaftlichen und persönlichen Werte in Frage stellen. Da nehmen sich diese Menschen heraus, einfach nichts zu tun, in den Tag hinein zu leben und auf der faulen Haut zu liegen. Äußerlich unterscheidet sich der Müßiggang der Künstler nicht von dem Leben, das Menschen führen, die einfach nur faul und bequem sind. Diese werden von allen Tüchtigen verachtet, obwohl jede Art von Müßiggang ein Gegenentwurf zum Leistungsprinzip der modernen Industriegesellschaft darstellt. Es ist der (bewusste) Ausstieg aus dem System von Konsumzwang, kapitalistischer Produktion und einer am Funktionieren orientierten Arbeitsethik, ein System, das für die Verschwendung von Ressourcen, Ausbeutung und die Zerstörung der Natur verantwortlich ist und auf dem Schrottplatz der Geschichte ausgemustert und durch eine neue Lebensweise ersetzt werden muss.

Der Künstler erlebt die Zeit des Müßiggangs als quälende, unbefriedigende Schaffenspause, die sich nach der Beendigung eines Werkes einstellt. Die Übergangsphase bis zu einem neuen Projekt kann manchmal Jahre dauern, Erschöpfung steht am Beginn des Müßiggangs, gefolgt von einer Zeit der Indifferenz, der Unentschlossenheit und der Suche. Dieser Zustand der Leere ist nur schwer auszuhalten. Zwischenzeitlich beschäftigt man sich mit anderen Dingen – Gartenarbeit, Reisen, Partys, Alkohol, Beobachtungen – und langsam füllt sich der leere Behälter mit Intuitionen, Erfahrungen, Ahnungen, Gefühlen, Ideen und Plänen, bis man eines Tages etwas Neues beginnt.

Man hat es nicht in der Hand, sich für eine der drei Gruppen zu entscheiden. Zu meinem Unglück zog mich die Berufung in die Gruppe der Künstler. Gleichzeitig wollte ich mein Auskommen sichern und Geld verdienen, denn ohne Erfolg und Anerkennung blieb mein Schaffen eine brotlose Kunst. Den Schritt zum Vollzeit-Schriftsteller habe ich nie gewagt, dazu war ich zu pragmatisch veranlagt. Ich hatte nie die dafür notwendigen Verbindungen, das Umfeld und den Mut. Man muss alles geben, alles auf eine Karte setzen. Wenn man sich verzettelt und alle mögliche gleichzeitig versucht und schaffen will, kommt am Ende nichts dabei heraus.

Wo dein Platz in dieser Gesellschaft ist oder was deine Bestimmung ist, musst du selbst herausfinden. Ausgeschlossen ist bei dir nichts, da du intelligent genug bist, dich weiter zu entwickeln. Ich wäre auch der Letzte, der etwas dagegen einzuwenden hätte, wenn du nach der Schulzeit alles Mögliche ausprobierst oder dir die Zeit für einen unbegrenzten Müßiggang nimmst. Wichtig bleibt auf die Dauer des Lebens gesehen, dass du alle paar Jahre die möglichen Horizonte mit dem Stand vergleichst, den du erreicht hast. Viel zu schnell nämlich richtet man sich sein Leben ein, bleibt stehen und verschenkt die vielfältigen Möglichkeiten, die das Leben bietet.

12. Brief:
Über den Wohnort

Liebe Charline,

seit der Entwicklung des homo erectus in Zentralafrika vor Hunderttausend Jahren verteilten sich die Menschen bis in den letzten bewohnbaren Winkel der Erde. Sie blieben dort, wo sie günstige Bedingungen zum Leben fanden, und sie wanderten weiter, wenn sie in Not gerieten, immer auf der Suche nach Nahrung und Sicherheit. Am Anfang dürften hauptsächlich klimabedingte Natur- und Hungerkatastrophen die Wanderschaft ausgelöst haben. Später kamen Kriege und politische Ursachen hinzu. Das Alte Testament berichtet vom Auszug der Israeliten aus Ägypten. Sie ertrugen die Knechtschaft und Zwangsarbeit unter den ägyptischen Königen nicht länger. Unter der Führung von Moses und Aaron marschierte das ganze Volk der Hebräer durch das Rote Meer, zunächst nach Sinai und später nach Kanaan.

Große Wanderungsbewegungen gab es immer wieder in der Geschichte der Menschheit, zum Beispiel der Ansturm der mongolischen Hunnen auf das Römische Reich (um 370 n.Chr.), die Ausbreitung der Wikinger Ende des 8. Jahrhunderts, die Besiedlung von Mecklenburg, Pommern, Schlesien, Böhmen und Ungarn durch Slaven und Sachsen im 12. Jahrhundert, die Auswanderung europäischer Bauern, Fabrikarbeiter und Tagelöhner nach Amerika (um 1900), die Deportierung von Millionen Afrikanern als Sklaven in die amerikanischen Südstaaten, die Emigration von Juden, Schriftstellern und politisch Verfolgten aus dem Deutschland während der Nazi-Diktatur oder die

158

Flucht von Millionen von Deutschen vor den Russen nach dem Ende des II. Weltkrieges. In diesen Jahren erleben wir die Ankunft von Menschen, die vor dem Krieg in Syrien, vor den Taliban in Afghanistan, dem islamistischen Terror in Mali oder der Armut auf dem Balkan fliehen und in Europa Schutz und ein besseres Leben suchen.

Niemand verlässt ohne triftigen Grund seine Heimat. Der starke Hang der Menschen zur Sesshaftigkeit beruht auf den Vorteilen, die ein Leben in einer vertrauten Umgebung und einer Gemeinschaft von Menschen bietet, denen man durch Verwandtschaft, Sprache, Sitten, Traditionen und Überzeugungen eng verbunden ist. Die Heimatliebe wurzelt in der urzeitlich tief verankerten Angst des Menschen vor wilden Tieren, den Gefahren in unbekanntem Gebiet und der Schutzbedürftigkeit einer Spezies, die weder über die Kraft eines Löwen oder die Größe eines Elefanten noch über die Leichtigkeit eines Vogels oder das Gift eines Schlange verfügt und dann noch 15 Jahre für die Aufzucht der Kinder braucht. Unsere ganze Persönlichkeit, unser Denken und Handeln wird geprägt von der Umgebung, in der wir aufwachsen. Die meisten Menschen sind zuhause, im Kreis der Familie und von Freunden am Glücklichsten. Sie sind noch ein bisschen glücklicher und noch stärker mit ihrer Heimat verbunden, wenn sie dort ein eigenes Haus, einen Hof, vielleicht sogar Felder oder einen eigenen Betrieb besitzen. Viele Sitten und Gebräuche dienen der Stärkung der heimatlichen Gemeinschaft: das Ernte-Dank-Fest, der Tanz in den Mai, Ostern, Weihnachten, der sonntägliche Kirchgang, das Neptun-Fest, genau so wie die Geburtstags- und Beerdigungsfeiern,

Taufen, Konfirmationen, Einschulungen, Hochzeiten und die rituellen Besuche bei Verwandten. Kinder ziehen, wenn sie erwachsen geworden sind in die Nähe der Eltern. Sie bauen ihre Häuser im selben Dorf. Und es ist nicht erstaunlich, wie viele Söhne ihr Leben lang bei ihren Müttern bleiben, wenn man bedenkt, dass über Jahrtausende immer drei Generationen unter einem Dach gewohnt haben. Die Auflösung der engen Familienbande und der Ortsansässigkeit vollzog sich mit Beginn der Industrialisierung, durch die Herabsetzung der ärmeren Menschen zu allzeit verfügbaren Arbeitssklaven, die vom Land in die anwachsenden Städte wanderten. Das reicher werdende Bürgertum forderte im Zuge der Aufklärung „Freiheit" und leistete sich damit eine beispiellose Individualisierung der Persönlichkeit.

Der Verlust der Einbindung in das soziale Netzwerk des Heimatortes und der Familie führt in die Einsamkeit. Außer Unrecht und Schuld drückt nichts den Menschen so sehr nieder wie ein Dasein ohne Kontakte und ohne Beachtung. Der Edeka-Werbefilm mit dem alten Mann, der Weihnachten alleine vor dem Tannenbaum sitzt und die Absage seiner Kinder vom Anrufbeantworter abhört, berührte uns deshalb so tief, weil der Film eine so unendlich traurige Wirklichkeit schildert. Einsamkeit und Tod liegen nahe beieinander. Der Film erinnert uns daran, wie wichtig die Gemeinschaft der Familie für uns alle ist. Er berührt die Sehnsucht aller Menschen nach einem Ort der Freude, der Ruhe, der Geborgenheit und des Glücks. Mögen viele der Flüchtlinge froh darüber sein, dass sie in Deutschland aufgenommen wurden, doch wenn sie dann monatelang beschäftigungslos in den Unterkünften festsitzen und sich in diesem Land fremd fühlen, vermissen sie nichts so sehr wie ihre Heimat und die zurückgelassenen Familien.

Für viele Menschen ist die Heimat ein Segen, für andere ein Fluch, dem sie zu entfliehen versuchen. Der Ort, an dem wir leben, bedeutet nicht nur Sicherheit und Schutz, sondern meistens auch Kontrolle, Enge, Stillstand und Starrsinn. In einer fest gefügten Ordnung hat alles so zu bleiben wie es ist und wie es immer war. Kritik an den inhaltslosen Ritualen und Traditionen kann sich niemand erlauben. Die katholische Kirche beschimpft ihre Kritiker als „Häretiker" und droht ihnen mit der Exkommunizierung, dem Ausstoß aus der Gemeinschaft. Ähnlich verhalten sich Dorf- und Stadtgemeinschaften, manchmal sogar ganze Länder.

Die Menschen stehen als Herdentier, das sich von Ängsten, Trieben und Instinkten leiten lässt, noch immer auf einer archaischen Entwicklungsstufe. Es ist für mich ein Rätsel, wie es kommt, dass unser Verhalten nicht durch den Verstand, sondern immer noch durch Mechanismen bestimmt wird, die sich als urzeitliche Erfahrungen auf unerklärliche Weise so tief in die genetische Struktur des Menschen eingegraben haben müssen, dass diese selbst von Personen nicht abgelegt werden können, die in einer völlig anderen Welt aufwachsen. Die Kehrseite der schützenden Gruppenzugehörigkeit und der „Heimat" tritt uns immer wieder als dumpfer, extremer Fremdenhass entgegen. Da gibt es martialische Aufrufe zur „Verteidigung der Heimat", zum Kampf gegen „Islamisierung des Abendlandes", zur Sicherung der Grenzen und zur Abschiebung aller Ausländer. Konkurrenz, Besitzansprüche und eine Wahrnehmung, die alles in Freund und Feind einteilt, scheint den Menschen in die Wiege gelegt worden zu sein. Dieses Prinzip durchzieht die Geschichte, es bestimmt das Denken und Handeln der Menschen von Beginn an und wahrscheinlich bis in die ferne Zukunft. Die Geschichte von Kain und Abel steht nicht ohne Grund ganz am Anfang des Alten Testaments. Die ängstliche und zugleich aggressive Veranlagung der Menschen erschwert das Zusammenleben. In der Verbindung mit der Bildung von Horden und geschlossenen Gruppen führt es zu Kämpfen und Kriegen. Die zehn Gebote sind ein hilfloser Versuch, dieses Grundübel der Menschheit zu bändigen. In der Bergpredigt versucht Jesus einen anderen Weg, er lockt die Menschen durch die positive Vision einer gerechten und friedlichen Welt, dem Himmel auf Erden.

Wenn du deinen Wohnort frei wählen könntest, wäre es klug, genau zu prüfen, ob dieser Ort einige entscheidende Bedingungen erfüllt. Man kann überall dort glücklich und zufrieden leben, wo Frieden herrscht, in einem Land also, in dem es keinen Streit und keinen Krieg zwischen Bürgern gibt und das weder von außen bedroht wird noch selbst andere Länder militärisch bedroht. Ein friedliches Zusammenleben entsteht dort, wo es eine stabile staatliche Ordnung gibt, in Ländern also, die eine Verfassung besitzen (z.B. ein Grundgesetz wie in Deutschland), durch die den Bürgern ihre Freiheits- und Eigentumsrechte garantiert werden. Die Bürger brauchen keine Waffen, weil sie Recht, Gerechtigkeit und Schutz durch den Staat und die Gerichte erhalten. Damit der Staat sein Gewaltmonopol nicht willkürlich ausübt, wird die Gewalt zwischen der Regierung, dem ausführenden Beamtenapparat (Polizei, Verwaltung) und den Gerichten geteilt und zusätzlich durch die Öffentlichkeit kontrolliert. In Deutschland gibt es sogar noch ein Bundesverfassungsgericht, das über die Einhaltung der Verfassung wacht.

Eine rechtsstaatliche Ordnung ist die wichtigste Voraussetzung für den Frieden. Aus den Erfahrungen der Geschichte konnten die Länder Europas lernen, wie wichtig darüber hinaus die Trennung von Kirche und Staat ist. Der Glaube ist eine private Angelegenheit. Ein Glaube kann den Bürgern nicht durch den Staat aufgezwungen werden. Man denke nur an die Zeit der Inquisition oder die Hinrichtung Ungläubiger in Saudi-Arabien, im Iran oder durch den IS. In den intoleranten Gottesstaaten ist eine freie Entfaltung der Persönlichkeit nicht möglich.

Für den Frieden unerlässlich ist außerdem die soziale Gerechtigkeit. Es darf nicht sein, das ein Teil der Bevölkerung hungert, während einige wenige unermessliche Reichtümer anhäufen und im Überfluss schwelgen. Nur durch einen gesetzlich geregelten Anspruch auf einen sozialen Ausgleich kann sichergestellt werden, dass auch die schwächeren Mitglieder einer Gesellschaft auskömmlich leben können. Schließlich wird ein friedliches Zusammenleben gefördert durch das, was ein eine Zivilisation auszeichnet: Bildung (Schulen, Wissenschaft, Universitäten), Kultur (Theater, Musik, Malerei, Literatur), gesittete Umgangsformen, ein Gemeinsinn aller Bürger und die Orientierung an Vernunft und Sachlichkeit.

Lange Zeit vertraten Politiker in der westlichen Welt die

Ansicht, dass Demokratie und Wohlstand ebenfalls zu den notwendigen Voraussetzungen für ein friedliches Zusammenleben gehören. Wenn es allen Menschen gut geht, gibt es keinen Anlass für Streit oder dem Wunsch nach revolutionären Veränderungen. Wohlstand schläfert ein und kann zum Frieden in einer Gesellschaft beitragen. Wenn der Wohlstand jedoch ohne Rücksicht auf die Folgen und die Kosten geschaffen wird, können die Ausbeutung der Menschen und die Zerstörung der Umwelt zu weltweiten, blutigen Auseinandersetzungen führen. So ungleich wie der Wohlstand derzeit auf der Welt verteilt ist, wird es unweigerlich zu Neid und kriegerischen Konflikten um Öl, Wasser und Nahrungsmittel kommen. Ob die Demokratie als Staatsform automatisch zum Frieden führt hat schon Immanuel Kant in seiner Schrift „Zum ewigen Frieden" bezweifelt. Aufgehetzt von Demagogen lassen sich die Massen zu Kriegsbegeisterung und Fanatismus verleiten. Um zum Frieden beizutragen, braucht die Demokratie eine breite, gemäßigte Mittelschicht, die die politischen Mitwirkungsmöglichkeiten verantwortungsvoll nutzt. Gleichzeitig wirkt sich die Möglichkeit, eine unfähige oder ungeliebte Regierung durch Wahlen absetzen zu können, günstig auf den inneren Frieden aus, wenngleich der Kampf um die Macht grundsätzlich eher zu Übertreibungen und Polarisierungen führt – wie wir das in Amerika 2016 bei den Vorwahlen erlebten, wo sich ein rassistischer Eiferer namens Donald Trump von seinen fanatischen Anhängern feiern ließ. Für Gerechtigkeit und Ausgleich könnten genauso gut einzelne Monarchen wie eine kleine Gruppe, z.B. ein Ältestenrat sorgen.

Nur wenige Länder dieser Erde erfüllen alle Bedingungen für ein Leben in Frieden und Freiheit. Die politische Verfassung Deutschlands kommt dem Ideal schon sehr nahe, daher brauchst du dir über die Wahl eines Landes eigentlich keine großen Gedanken zu machen. Ubi bene, ibi patria. Wo es mir gut geht, ist meine Heimat (wörtlich: mein Vaterland). Seltsamerweise wandern trotzdem immer wieder Menschen in andere Länder aus, nach Amerika, Kanada, Australien, nach Spanien, Portugal, Thailand, in die Schweiz oder nach Skandinavien. Diese Länder bieten neben einer stabilen politischen Ordnung noch etwas, das in der deutschen Leistungsgesellschaft, in der das Ansehen von materiellen Dingen abhängt und alle im Dauerstress stehen, fehlt: Sonne, Ursprünglichkeit, menschliche Wärme, Gelassenheit, Freude an einfachen Dingen, die Chance auf einen Neustart und ein erfülltes Leben.

Schon früh zog es mich immer wieder in die sonnigen Länder des Südens, angestiftet von den vielen Urlaubsreisen, die meine Eltern mit uns Kindern nach Jugoslawien, Italien und Spanien unternahmen. Noch heute sehe ich den Orangenhain vor mir, der hinter einer Mauer auf dem Strand bei Malaga lag, noch heute kommt mir wieder der liebliche Duft der Pinienwälder des Campingplatzes im italienischen Lido di Jesolo in Erinnerung, wo wir mit mehreren befreundeten Familien mehrere Jahre die allerglücklichsten Urlaubswochen verbrachten. Unbeschreiblich und unvergessen spüre ich noch immer diese trockne, warme, von blühenden Sträuchern und Kräutern gewürzte Luft auf der kroatischen Insel Krk. Ich liebe die Hitze und das blaue Meer, den Tomatensalat mit Zwiebeln und Olivenöl, die singenden, melodischen Sprachen, das turbulente, fröhliche Treiben auf den Plätzen, die Leichtigkeit des Seins. Während meiner Studentenzeit nutzte ich die Semesterferien, um fast drei Monate mit einem Rucksack und einem Zelt die italienische Küste von Venedig bis hinunter nach Bari zu trampen. Elba, Sardinien, Korsika, Istrien und Korfu, wie herrlich und wunderbar waren alle diese Ort und Landschaften, die ich im Laufe der Jahre bereiste. Ich wollte dort leben, ich lernte italienisch und ich sparte jeden Pfennig, um mir irgendwann ein Haus auf einer Insel zu kaufen, ein Haus mit einer von Weinreben umkrankten, schattigen Terrasse, mit einem in Stufen abfallenden Garten und einem weiten Blick aufs Meer. Das war nicht nur ein Wunsch, nein es war für mich ein Lebensziel, das mich bis zum meinem vierzigsten Lebensjahr beschäftigte und antrieb.

Was hielt mich davon ab, Deutschland zu verlassen und nach Italien oder Kroatien auszuwandern? Zunächst besaß ich nicht genügend Kapital, aber selbst wenn ich reich genug gewesen wäre, hätte ich es nicht übers Herz gebracht, meine Oma, zu der ich zeitlebens eine enge Bindung hatte, alleine zu lassen. Schon als ich Gartenbauarchitektur studieren wollte, was damals nur in München oder Hannover ging, entschied ich mich, in Hamburg zu bleiben. Es ist ein gewagter Schritt, die gewohnte Umgebung, die Familie und die Freunde zu verlassen. Zudem bemerkte ich, dass es mir schwer fiel, eine fremde Sprache zu lernen und mich in ihr halbwegs passabel auszudrücken. Gleichzeitig schrieb ich an der „Physikalischen Geschichtstheorie" und ich bekam eine Arbeitsstelle als Leiter des Jugendkellers, ein Beruf, der zu mir passte und den ich gerne und mit viel Leidenschaft ausübte.

Ich erhielt jetzt regelmäßig monatlich ein Gehalt, von dem ich gut leben konnte. Das gibt man nicht leichtfertig für eine ungewisse Zukunft in der Fremde auf.

Bis zum Kauf des Hauses in Demen dachte ich daran, mir ein Haus im Süden zu kaufen und gleichzeitig weiter in Hamburg zu leben und zu arbeiten. Diese Möglichkeit erwies sich bei genauerer Betrachtung als höchst unpraktisch. Mein ganzes Geld in eine Immobilie zu stecken, die ich höchstens sechs Wochen im Jahr nutzen konnte und die mich dazu verpflichten würde, meinen Urlaub immer dort zu verbringen, ließ mich zögern. Am Ende habe ich diesen Plan ganz aufgegeben.

Dann traf ich eine Entscheidung, die sich in bestimmender Form und in einem nicht vorhersehbaren Ausmaß auf mein Leben auswirkte: ich erwarb die Hufe 1 von Demen, ein zwei Hektar großes Grundstück am See mit einem heruntergekommenen Haupthaus, einer alten Scheune und einem Garagentrakt. Ich verbrachte dort Wochenende für Wochenende, um das Haus zu sanieren und das Grundstück von den Hinterlassenschaften der DDR-Zeit zu befreien. So wurde ich von einem Westler langsam zu einem Mecklenburger, der zu diesem Dorf dazugehört, obwohl ich weiter in Hamburg lebte. Nach und nach geriet ich in einen Zustand der inneren Zerrissenheit, unter der ich heute noch leide. Ich weiß nicht, wo ich leben soll. Einerseits gehöre ich nach Demen, aber ohne meine Geburtsstadt Hamburg geht es auch nicht. Die Wahl zwischen dem Leben in einem Dorf und dem Leben in der Großstadt ist extrem schwer.

Großstädte ziehen die Menschen seit jeher an. „Stadt-
luft macht frei" hieß es schon im Mittelalter. In der
Stadt pulsiert das Leben. Die Vielfalt der Angebote,
aus denen man auswählen kann ist unerschöpflich.
Es gibt Theater, Konzerte, Kinos, Schwimmbäder,
Lesungen, Bars, Cafés, Restaurants, Discotheken, alle
möglichen Vereine, Einkaufstempel, in denen man
alles bekommt, was das Herz begehrt, Kitas, unterschiedliche Schulen, Hochschulen, Kirchen, Ärzte
und Krankenhäuser, und es gibt eine fast unendliche
Anzahl an Arbeitsplätzen. Tag und Nacht verkehren
Busse und Bahnen, die Menschen flitzen umher, das
Tempo ist hoch, die Zeit rast, überall gibt es besondere Events, Neues zu entdecken, neue Menschen, neue
Gesichter, täglich. Die Großstadt ist der Ort für die
erlebnishungrige Jugend, für alle, deren Leben noch
offen und unbestimmt ist. Wer eine große Karriere
starten will, geht in die Stadt.

Mag das gesellschaftliche Leben in der Stadt mehr
Glanz besitzen, mögen die Lichter der Großstadt noch
so hell leuchten, die Schattenseiten der Zusammenbal-
lung von Millionen von Menschen sind unübersehbar.
Schon der ständige Lärm, die Hektik und die Luft-
verschmutzung nagen an der körperlichen und seelischen Gesundheit, am Schlimmsten jedoch belastet
der Druck, sich gegenüber anderen durchzusetzen,
sich aus der Masse hervorzuheben. In der Stadt musst
du um deinen Platz an der Sonne kämpfen. Wer nicht
weiß, was er will, geht in der Großstadt unter. Nir-
gends ist die Einsamkeit, das Gefühl der Wertlosigkeit,
die depressive Stimmung größer als in einer Massengesellschaft. In den größeren Städten bilden sich überall auf der Welt krasse soziale Unterschiede heraus. Die

Bevölkerung teilt sich räumlich in Arme und Reiche. Die Wohlhabenden wohnen in den Villengegenden, während die anderen in Wohnblöcken zur Miete unterkommen. An bestimmten Stadtteilen haftet ein negativer Ruf, der von Außenstehenden schon deshalb gefestigt wird, weil sie dadurch auf eine noch unter ihnen stehende soziale Schicht herabblicken können. Du bist in einem solchen als Ghetto verrufenen Stadtteil geboren, ich bin dort freiwillig hingezogen. Wenn ich eigene Kinder hätte, würde ich sie in jedem Fall bis zum Ende der Grundschulzeit in Mümmelmannsberg aufwachsen lassen, denn dieser Stadtteil ist aus pädagogischer Sicht durch die große Anzahl der Kinder und die unterschiedlichen familiären Verhältnisse ein idealer Ort, um Toleranz, Mitgefühl und soziale Verantwortung zu lernen. Die Konfrontation mit den harten Seiten des Lebens – mit Armut, Gewalt, Depression und Dummheit – bewahrt die Kinder vor Überheblichkeit. In der Begegnung mit Kindern aus unterschiedlichen Kulturen festigt sich die eigene Persönlichkeit. Die Kinder und Jugendlichen von Mümmelmannsberg besitzen mehr Lebenserfahrung als die neunmalklugen Träumer aus den gutbürgerlichen Vierteln, in denen sie behütet und verhätschelt in materieller Sicherheit unter ihresgleichen aufwachsen.

Der Vorteil dieser Umgebung währt nur eine Zeit lang, danach besteht die große Gefahr, dass man stehen bleibt, sich bequem in der gewohnten Umgebung einnistet. Damit mögen die Mittelmäßigen, die Antriebslosen und Unfähigen zufrieden sein. Doch dem Fluch der Herkunft bekommen alle zu spüren, die den Sprung schaffen wollen. Trotz Ehrgeiz und Können, trotz bester Leistungen, kommen sie nicht voran. Der

Weg nach oben wird ihnen von unsichtbarer Hand verwehrt. In der Wirtschaft, der Politik, im Schulwesen, der Wissenschaft und der Kultur – in allen Bereichen des Lebens besitzen diejenigen, die aus dem gutbürgerlichen Milieu kommen, erheblich bessere Chancen. Sie werden von vornherein wohlwollend aufgenommen und nicht selten im Beruf durch Beziehungen gefördert.

Ein einschneidendes Erlebnis widerfuhr mir im ersten Studienjahr an der Universität Hamburg, wo ich im Proseminar am Institut für Alte Geschichte über „die Orientpolitik des römischen Kaisers Tiberius" eine schriftliche Hausarbeit anfertigte. Der Professor, ein alter, sehr angesehener Historiker, fragte mich bei der Besprechung meiner Arbeit als erstes, ob ich mein Abitur an einer Gesamtschule gemacht hätte. Als ich das bejahte, bemerkte er, dass er sich das schon gedacht habe, da ich die Politik der Antike durch die soziale Brille der Gegenwart betrachten würde. Solche wirtschaftlichen und sozialen Aspekte hätten für die Senatoren, Konsuln und Kaiser der damaligen Zeit keine Bedeutung gehabt, erst Recht nicht für den militärisch geprägten Tiberius. Man müsse die Antike nach den Kriterien der damaligen Zeit beurteilen. Da ich als Gesamtschüler dafür überhaupt kein Verständnis hätte, verweigerte er mir den Seminarschein, den man braucht, um nach dem 4. Semester zum Hauptstudium zugelassen zu werden.

Nach dem Staatsexamen verwendete ich mehrere Jahre darauf, eine Doktorarbeit zu schreiben. Die „Physikalische Geschichtstheorie" lag nun leider quer zu den fest etablierten Ansichten der Philosophen und der Historiker. Da ich die Arbeit nur nebenbei schreiben konnte, weil ich meinen Lebensunterhalt verdienen musste, brauchte ich mehrere Jahre. Ich trieb mich selten an der Uni herum und verrichtete auch nicht die Hilfsdienste für die Professoren, zu denen sich die meisten Doktoranden von ihren Doktorvätern heranziehen ließen, um durch die Vertiefung der persönlichen Beziehung das Wohlwollen des Profs zu erkaufen. Als Außenseiter gelang es mir nicht, meine Doktorarbeit an einer Universität einzureichen, da sich für das Thema kein Doktorvater fand, der meine Ergebnisse akzeptiert hätte.

Als Schriftsteller aus einer Großraumsiedlung, aus einem niedrigen sozialen Milieu wird man von den Verlagen und den Medien mit Ignoranz gestraft. Politische Essays zu aktuellen Themen, die ich an Wochenzeitungen schickte, wurden nie veröffentlicht. Als ich Rezensionsexemplare meiner Bücher an Redaktionen verschickte, fand nicht einmal das lokale Wochenblatt Platz für einen Bericht oder eine Meldung.

Du siehst, wie sehr wir in unserem Leben vom Wohlwollen und der Förderung durch Lehrer oder einflussreiche Personen abhängig sind. Du hast es an deiner Schule selbst erlebt wie eine Mitschülerin aus gutem Hause für ihr Vorspiel eine gute Note bekam, obwohl sie ihrem Instrument nur Misstöne entlockte und kein Rhythmusgefühl besaß, während du trotz besserer Leistung eine viel schlechtere Note bekommen hast. Herkunft und Wohnort spielen bei solchen Ungerechtigkeiten eine unterschätzte Rolle, weil sie unbewusst in die Bewertung von Personen einfließen. Deshalb rate ich die, deinen späteren Wohn- und Lebensort sehr sorgfältig zu wählen. Die meisten Menschen treffen diese Entscheidung aus dem Bauch heraus – sie bleiben als Nesthocker in der Nähe der Familie und der Freunde. Das ist der einfachste und bequemste Weg. Die Schwierigkeit bei der Wahl des Wohnortes besteht genauso wie bei der Wahl eines Lebenspartners darin, aus tausend Möglichkeiten eine einzige auszuwählen. Das kann schief gehen. Wer davon träumt, in einer der schönen Einzelhaussiedlungen mit noch ländlichen Strukturen am Rande der Großstadt zu leben, findet sich dort vielleicht nach einiger Zeit äußerst unglücklich. Meide die Zugehörigkeit zu zwei weit von einander entfernten Orten. Die Welt bietet viele schöne Orte, habe den Mut, dich auf Neues einzulassen und bleibe dann dort, wo du dich wohl fühlst. Ubi bene, ibi patria.

13. Brief:
Über das Verstehen

Liebe Charline,

der große Philosoph Arthur Schopenhauer mied die Menschen, er lebte zeit seines Lebens allein mit seinem Hund, mit dem er täglich ausgedehnte Spaziergänge unternahm. Er begründete seine Haltung mit der Erkenntnis, dass alle Menschen einmalige Individuen seien, von denen jedes in seiner eigenen Gedanken- und Gefühlswelt lebt. Er hielt die Individuation für prinzipiell unüberwindbar und für die Ursache von Missverständnissen, Streit und Unfrieden. Nicht einmal die Liebe zwischen zwei Menschen könne diese Kluft jemals aufheben. Die Erfahrung gibt ihm Recht.

Wir kennen vertraute Menschen durch ihre Äußerungen, ihre Mimik und ihre Handlungen. Wir kennen ihre Eigenarten so gut, dass wir ihre Reaktionen voraussehen können. Wir akzeptieren sie so wie sie sind mit all ihren Schwächen und Verschrobenheiten, bis zu einer Grenze, an der es unweigerlich zu Auseinandersetzungen kommt. Aufgrund der Unterschiedlichkeit aller Individuen erfordert das Zusammenleben der Menschen ein hohes Maß an Toleranz. Wir sind als einmalige Individuen auf die Toleranz der anderen genauso angewiesen wie die anderen auf unsere Toleranz.

Seltsamerweise tauchen Missverständnisse besonders häufig zwischen Menschen auf, die miteinander leben, zwischen Ehepaaren oder zwischen Eltern und ihren Kindern Zur Überraschung vieler Mütter und Väter entwickeln Kinder ihre eigene Persönlichkeit, die nicht immer den Vorstellungen entspricht, die sich die Eltern von ihrem Kind gemacht haben. Sie gleichen ihren Eltern nicht wie ein Ei dem anderen, sie werden nicht genau so wie sie selbst oder wie sie es sich gewünscht und erhofft hatten. Viele Eltern können das nur schwer akzeptieren, sie versuchen mit allen Mitteln ihre Kinder „gerade" zu biegen. Die Konflikte spitzen sich zu, wenn aus den lieben Kindern aufmüpfige Jugendliche werden, die mit ihrem eigenen Willen gegen jegliche Einflussnahme ankämpfen, die das machen, was sie wollen und die sich nichts mehr vorschreiben lassen.

Die biologisch bedingte Phase der Pubertät, die mit der Selbstfindung und der Entwicklung der Selbständigkeit die bei allen Säugetieren übliche Ablösung von den Eltern einleitet, verschärft sich, wenn politische Konflikte oder gesellschaftliche Umbrüche die Generationen spalten. Genau das erlebte ich als Jugendlicher Ende der 70er Jahre als die Friedens- und Ökologiebewegung die Lebensziele und die Einstellungen der Elterngeneration radikal verwarf. Am Himmel meiner Eltern, die im Hitler-Deutschland geboren wurden und im zerstörten Nachkriegsdeutschland aufwuchsen leuchtete das Dreigestirn: Familie, Arbeit, Besitz. Sie wollten für sich und ihre Kinder etwas aufbauen, das eigene Heim, das einen beständigen Schutz und Sicherheit bot. Ihre Eltern waren von den politischen Ideologien eines arischen III. Reiches oder dem Traum einer kommunistischen Weltherrschaft verleitet und ins Verderben geführt worden. Diese angeblich so hohen Ziele hatten sich selbst erledigt, nun blieb nur noch ein Ziel übrig: das private Familienglück. Der

Staat sollte die Bürger in Ruhe lassen und ihnen die Freiheit geben, nach ihrem Glück zu streben. Vorbild wurde das starke und erfolgreiche Amerika, das als militärische und als wirtschaftliche Weltmacht die schützende Hand über Westdeutschland hielt. Der Wille zum Aufstieg verbunden mit den deutschen Tugenden: Fleiß, Pünktlichkeit, Zuverlässigkeit, Ordnung, Sauberkeit und Gehorsam vollbrachte dann tatsächlich das deutsche Wirtschaftswunder. Innerhalb von zwanzig Jahren stieg die westdeutsche BRD zu einer führenden Wirtschaftsnation auf, aus einem zerbombten und hungernden Land wurde in kurzer Zeit eine Wohlstandsgesellschaft.

Meine Eltern waren stolz auf das, was sie erreicht hatten. Wie alle Menschen dieser Generation glaubten sie fest daran, dass ihr Weg und ihre Einstellungen auch für die Zukunft richtig sein würden. Wir, die jüngere Generation, sahen und spürten jedoch die negativen Folgen einer Wirtschaftsweise, die nur auf Gewinn, Wohlstand und Konsum ausgerichtet war. Konkurrenz und Leistungsdruck zerstörten die menschlichen Beziehungen, der Wert eines Menschen bestand nur noch in seiner Arbeitskraft. Der Erfolg der Unternehmen beruhte auf der Ausbeutung der Rohstoffe anderer Länder und auf der Zerstörung der Natur. Berühmt und beispielhaft war der Kampf der Yanomani-Indianer, deren Lebensraum durch die Abholzung des Regenwaldes zerstört wurde. In Hamburg sorgten die Elbfischer für Schlagzeilen, weil sie nur noch verunstaltete oder tote Fische aus dem mit Quecksilber, Schwermetallen und Chemikalien vergifteten Wasser der Elbe zogen und deshalb ihren Beruf aufgeben mussten. Die Weltmächte rüsteten ihre Atomraketen-

arsenale auf und lieferten sich blutige Stellvertreter-
kriege, um sich Einfluss, Rohstoffe und Absatzmär-
kte zu sichern. Ohne einen grundlegenden, radikalen
Wandel der Einstellungen und des Wirtschaftens würde diese Welt untergehen.

Unsere Eltern spielten die Risiken und die Bedrohung
herunter. Sie glaubten, dass alle Probleme durch den
technischen Fortschritt beherrscht und gelöst werden
könnten, während wir Jugendlichen täglich in unserem pessimistischen und düsteren Weltbild bestätigt wurden. Wir verstanden die Generation unserer
Eltern nicht und diese verstanden nichts von dem, was
für uns wichtig und richtig war. Mein Vater konnte
überhaupt nicht verstehen, warum ich mich seinem
Wunsch, so wie er eine Lehre im Maschinenbau zu
machen, so heftig widersetzte und mich stattdessen
für eine Gärtnerlehre entschied. Auch dass ich nicht
die geringste Neigung verspürte, eine Frau kennen zu
lernen, um mit ihr eine Familie zu gründen, konnten
meine Eltern überhaupt nicht verstehen.

An all diese Konflikte zwischen meinen Eltern und
mir und an das gegenseitige Unverständnis erinnert
mich das Lied „Junge" von der Gruppe „Die Ärzte".
„Und wie du wieder aussieht, mit Löchern in der Hose
und ständig dieser Lärm,… eine eigene Praxis, wäre
das nichts für dich,… es ist noch nicht zu spät, dich an
der Uni einzuschreiben,… und immer diese Freunde,
die nehm´ doch alle Drogen, willst du das wir sterben?"

Unterschiedliche Erfahrungen, unterschiedliche Ansichten, unterschiedliche Ziele und Interessen sind

neben fehlendem Wissen, mangelhaften Einfühlungsvermögen, einer unzureichenden Sprache und einer ge-
störten oder fehlenden Kommunikation die häufigsten
Ursachen für Missverständnisse, Streit und Unfrieden
unter den Menschen. Doch eine grundlegende Tatsache übertrifft diese Mängel bei weitem: alle anderen
Menschen sind Fremde für uns und bleiben es ewig.
Die Fremdheit von Menschen aus anderen Kulturkrei-
sen mag vielleicht etwas größer, unheimlicher, möglicherweise beängstigend sein, sie unterscheidet sich jedoch nicht grundlegend von der Fremdheit gegenüber
jeder anderen Person, denn wir sind Gefangene unseres eigenen Ichs, unserer eigenen Persönlichkeit mit
ihren Eigenarten, Fähigkeiten und Beschränkungen.
Wir sind einmalige Individuen, genau wie die übrigen
Milliarden von Erdenbürgern, nur immer etwas anders als jeder andere. Du bist Charline, selbst wenn du
es wolltest, kannst du keine andere Person sein.

Die Individualität zeichnet den Menschen aus und
unterscheidet ihn vom Tier. Wegen dieser besonderen Eigenschaft halten einige den Menschen für die
Krone der Schöpfung. Doch leider wirkt sich die Individuation äußerst verhängnisvoll aus, denn die Konsequenzen, die daraus folgen, sind nur schwer zu ertragen. Jeder Einzelne ist dadurch vollständig für sich
verantwortlich, jeder muss - im Prinzip in jeder Sekunde seines Lebens – allein entscheiden, was er macht
oder lässt. Jeder ist Schuld an seinen Handlungen. Die
Last der Entscheidung kann uns niemand abnehmen,
wir können uns mit anderen beraten und uns ihre Meinungen anhören, am Ende muss jeder alles allein mit
sich selbst ausmachen.

Damit nicht genug. Die Unüberwindbarkeit des eigenen Ichs ruft in uns ein überwältigendes Gefühl von Einsamkeit hervor. Da wir in Gesellschaft von anderen unsere eigene Persönlichkeit besonders stark empfinden, fühlen wir uns gerade dort fremd und einsam – besonders wenn wir durch die Straßen einer Großstadt gehen, wo wir Hunderten, ja Tausenden von Menschen begegnen, die wortlos an uns vorbeilaufen. Durch Individuation gewinnt der Tod eine überragende Bedeutung. Die Auslöschung unseres Ichs wird eine schreckliche Vorstellung, die uns im Untergrund unseres Bewusstseins ständig ängstigt. Daher empfinden wir dann auch die Existenz anderer Menschen als Bedrohung und in ihrem Anders-Sein als Kritik, weil die Andersartigkeit ja ebenso berechtigt, vielleicht sogar sinnvoller und besser sein könnte als unsere Persönlichkeit und unser Tun.

Angst, Unsicherheit und Einsamkeit sind die ständigen Begleiter des Menschen, den auch noch die Last bedrückt, ständig die richtige Entscheidung für sein Handeln treffen zu müssen, was in der heutigen komplexen und komplizierten Welt nicht gerade einfach ist.

Daher besteht in jedem Menschen der Drang nach Auflösung der Individualität. Um dem Druck zu entgehen und die Angst zu überwinden, wählen diejenigen, die diese Belastung nicht ertragen können, einen von drei Auswegen:
1. Sie begehen Selbstmord.
2. Sie werden exzentrisch, versuchen um jeden Preis aufzufallen, Publicity und Ruhm zu erlangen (Die Geissens, die Katzenberger, Melanie beim Frauentausch).

3. Sie löschen ihr Ich aus und tauchen in der Masse unter.

Je größer die Unsicherheit, desto größer wird das Bedürfnis nach klaren Ansagen durch eine höhere, absolute Autorität. Die Auslöschung des Ichs geschieht zeitweise, wenn man sich auf einem Konzert oder im Fußballstadion zusammen mit anderen jubelnden, singenden Fans im Rausch der Einheit ganz der Musik oder dem Sport hingibt. Die Auslöschung des Ichs geschieht vollständig, wenn man sich einer Religion anschließt, sich einer politischen Ideologie verschreibt oder sich einer Sekte unterwirft (Ku-Klux-Klan, Scientology).

Selbstmord, übertriebener Geltungsdrang und Gläubigkeit begleiten die Menschheitsgeschichte, die keinen wirklichen Fortschritt kennt, weil die Masse der Menschen seit jeher aus Dummköpfen besteht, die liebend gern und mit Begeisterung einem politischen oder religiösen Führer folgen, der ihnen die Ziele und Leitsätze als absolute Wahrheiten verkauft, Rituale einführt und alles bis ins kleinste Detail regelt und vorschreibt. Da fühlt man sich sofort einen Kopf größer, wenn man den Vorschriften eines allwissenden und allmächtigen Gottes folgt. Wie sehr hebt es doch das Selbstwertgefühl, auf der Seite der Guten zu stehen. Natürlich muss man das Licht der Wahrheit verbreiten und die Ungläubigen bekehren oder bekämpfen. Meine Güte, wie viel Unheil haben geltungssüchtige, von sich überzeugt Führer in Verbindung mit Religion oder politischen Ideologien und zusammen mit hirnlosen Menschenmassen auf der Welt angerichtet! Wie viel Unheil wird daraus noch entstehen? Wie soll es bei dieser Grundkonstellation jemals zu einem dauerhaften Frieden auf der Welt kommen?

Einsamkeit, Unsicherheit und Angst, die in dir, in mir und jedem Menschen stecken, dürfen uns nicht dazu verleiten, einen der drei vermeintlichen Auswege zu wählen. Es ist die erste und wichtigste Lebensaufgabe aller Menschen, die Folgen der Individuation zu beherrschen. Dazu gibt es nur einen Weg, den uns der große Königsberger Philosoph Immanuel Kant als höchsten Leitsatz mitgegeben hat:
„Sapere aude. Habe Mut, dich deines eigenen Verstands zu bedienen." (Was ist Aufklärung? 1783)

Doch was heißt das konkret? Wie gebraucht man seinen Verstand?
Der Verstand ist eine Leistung unseres Gehirns, die zwei Tätigkeiten umfasst: die Wahrnehmung und das Denken. Der Verstand versucht, Tatsachen und Zusammenhänge zu erkennen sowie Wissen und Einsicht zu gewinnen. Diese Funktionen bildeten sich evolutionsgeschichtlich heraus, weil Wissen und Einsicht als Grundlage von Bewegungen und Handlungen einen Überlebensvorteil einbrachten. Daraus ergibt sich, worauf es bei der Wahrnehmung und beim Denken ankommt: höchste Präzision. Die Kenntnis der Tatsachen und die Erkenntnis der Zusammenhänge müssen so genau und treffend wie möglich sein. Um das zu erreichen braucht man nur zwei methodische Regeln anzuwenden.
1. Schärfe deine Sinne.
2. Überprüfe und bewerte deine Wahrnehmung kritisch.

Manche Lebewesen orientieren sich hauptsächlich über den Tast-, den Geschmacks- oder den Geruchssinn, für den Menschen spielen dagegen das Sehen und Hören eine übergeordnete Rolle, weil wir die meisten Informationen über die Sprache erhalten. Wir brauchen keine eigenen Erfahrungen zu machen, über das geschriebene oder gesprochene Wort erfahren wir die Erfahrungen und Erkenntnisse von anderen.

Im Vergleich zu früheren Jahrhunderten werden wir heute durch das Fernsehen, das Internet und die Massengesellschaft zugeschüttet mit Bildern, Äußerungen und neuen Informationen, die wir in der Kürze der Zeit nicht alle verarbeiten können. Daher rauscht das meiste an uns vorbei. Ohne eine gewisse Unaufmerksamkeit, ohne abgestumpfte Achtsamkeit würden wir verrückt werden. Leider fehlt uns die Aufmerksamkeit dann aber oft auch bei der Kommunikation mit anderen Menschen. Deinen Verstand zu benutzen, heißt zu verstehen, und das fängt beim Hören an. Ganz und absolut wichtig ist daher das genaue Zuhören. Merke dir den exakten Wortlaut deiner eigenen Worte und die des Gesprächspartners. Oft ist es hilfreich, die Äußerungen wortgetreu aufzuschreiben. Wiederhole das Gesagte, bevor du es in deinen eigenen Worten wiedergibst. Benutze den Standardeinleitungssatz: „Du hast gesagt / behauptet, dass…". Frage nach, ob du eine Äußerung richtig wiedergegeben hast.

Du wirst feststellen, wie viele Menschen schon nach einer Minute, nachdem sie etwas gesagt haben, nicht mehr genau wissen, was sie gesagt haben. Sie plappern nur. Das gesprochene Wort ist flüchtig. Da die Zuhörer meistens genauso unaufmerksam sind, kann man sich immer wieder herausreden, wenn man übertrieben hat oder es brenzlig wird. „Nein, das hab ich gar nicht gesagt. Das habe ich nicht gemeint. Das hast du falsch verstanden."

Genauso wichtig wie das Zuhören ist es, selber klar, überdacht und präzise zu formulieren. Gegenseitiges Verstehen erfordert außerdem Ruhe und eine Haltung der Indifferenz. Du musst deine Gefühle und Meinungen zurückstellen, denn Affekte und Vorurteile führen zu einer selektiven Wahrnehmung, so dass du nur das hörst, was du hören willst.

Das Faszinierende am menschlichen Gehirn ist, dass es gleichzeitig verschiedene Aufgaben erfüllt und verschiedene Bereiche miteinander verknüpft. Wenn dir jemand sagt: „Ich habe das Rauchen seit einer Woche aufgegeben", prüft dein Gehirn in Sekundenschnelle diese Information, indem es sie mit allen Informationen vergleicht, die in deinem Erinnerungsvermögen gespeichert wurden. Hast du diese Person einen Tag zuvor beim Rauchen gesehen, ist die Behauptung offensichtlich falsch.

Dein Verstand ist ein grundsätzlich kritischer Geist, der alle Informationen und Wahrnehmungen überprüft, er deckt Ungereimtheiten auf, er lässt sich kein X für ein U vormachen. Damit dein Verstand arbeiten kann, braucht er umfangreiche und genaue Wahrnehmungen und ein gutes Gedächtnis. Darüber hinaus ist der Verstand grundsätzlich neugierig, er gibt sich nicht damit zufrieden, dass eine Beobachtung stimmt, er will wissen, warum etwas ist. Der Verstand erforscht die Ursachen und sucht selbständig nach weiteren

Informationen, die ihm einen Sachverhalt oder eine Beobachtung erklären. Verstehen heißt, die Ursachen kennen. Das gilt für die Handlungen der Menschen ebenso wie für das Verhalten eines Atomteilchens.

Die Arbeit des menschlichen Geistes endet nicht mit den Erkenntnissen deines Verstandes. Wir können Sachverhalte und Menschen verstehen, das heißt aber nicht, das wir die Handlungen von Menschen oder bestimmte Zustände akzeptieren müssen. Hier beginnt die Arbeit der Vernunft. Sie bewertet und beurteilt, ob etwas gut oder schlecht ist. Abgesehen davon, das wir eine ungefähre Vorstellung davon haben, was grundsätzlich gut ist, geht es meistens darum, in konkreten Fällen abzuwägen, was besser oder schlechter ist. In beiden Fällen braucht die Vernunft die Kenntnis von Tatsachen und die Einsicht in die Ursachen und die Folgen. Mit Hilfe unserer Vernunft entscheiden wir dann, was getan oder unterlassen werden sollte und ob ein Zustand gelassen oder verändert werden muss.

Der Verstand und die Vernunft haben eines gemeinsam: Sowohl unsere Erkenntnisse wie unsere Urteile sind niemals endgültig, sie können im Lichte neuer Wahrnehmungen, Beobachtungen und neuer Argumente jederzeit revidiert werden. Urteile nie vorschnell, da du dir nie sicher sein kannst, alles verstanden zu haben. Gerade bei den menschlichen Handlungen setzt uns die Individualität jeder einzelnen Person eine unüberwindbare Grenze.

14. Brief:
Über Liebe und Partnerschaft

Liebe Charline,
kürzlich erkundigte sich deine Mutter bei mir, ob
ich es normal fände, dass du anscheinend überhaupt
nicht daran interessiert bist, einen Freund zu finden.
Du gehst nie aus, verbringst deine Freizeit im Reitstall
und triffst dich höchstens einmal mit Michelle, Laura
oder Julia. Für deine Mutter ist es unbegreiflich, dass
da nie etwas in Richtung Jungen läuft. Immerhin bist
du schon neunzehn Jahre alt.

Ich kann dich beruhigen. Die Frage deiner Mutter fand
ich überraschend, weil ich die Sorge, die sie beschäftigt, nicht nachvollziehen kann. Ich wäre nie auf den
Gedanken gekommen, solchen Umständen irgendein
Gewicht beizumessen. Eltern – Mütter genauso wie
Väter – tun das aus unterschiedlichen Gründen. Pene-
trant mischen sie sich in das Leben ihrer erwachsenen
Kinder ein, und zwar mit zunehmender Intensität, erst
so lange wie ihr Kind noch keinen Lebenspartner gefunden hat, dann „beratend" in die Frage, ob es der
oder die Richtige sei, und zum Schluss in die Erziehung der Enkelkinder. Die Verantwortung, die man
einst bei der Geburt eines Kindes übernommen hat,
ist bei den Eltern in Fleisch und Blut übergegangen, sie
lässt sich nicht von einem auf den andern Tag ablegen.
Eltern beschäftigen sich damit, was aus ihren Lieb-
lingen wird, sie wollen nur das Beste, zumindest das,
was aus ihrer Sicht das Beste wäre. Dahinter stehen
eigennützige Motive. Es geht ihnen um die Bestätigung
der eigenen Lebensgestaltung, um die Gewissheit, dass
sie alles richtig gemacht haben, um die Fortpflanzung

der Familie und um die Freude und die Aufgaben, die ihnen Enkelkinder an ihrem Lebensabend schenken sollen.

Ich kann ein Lied davon singen. Von meinem 17. Lebensjahr bis zur Geburt meines Neffen – über eine Zeitspanne von 15 Jahren – wurde ich ständig – und besonders vor vielen Zeugen auf Familienfeiern – ausgehorcht und bedrängt. Es war schrecklich: „Wie sieht es mit einer Freundin aus? Hast du jemanden in Aussicht? Wäre es nicht langsam Zeit? Aber du willst doch heiraten und Kinder haben oder nicht? Immer so alleine durchs Leben zu gehen, das macht doch keinen Sinn. Für wen arbeiten wir schließlich? Jeder Topf findet seinen Deckel. Aber man sollte sich auch darum bemühen. Nicht so schüchtern, ergreif die Initiative. Sei nicht so wählerisch!" Immer dieselben Erwartungen, die ich nicht erfüllen wollte – was ich um die Seelenruhe meiner Eltern nicht zu sehr in Aufruhr zu bringen, niemals offen aussprechen konnte. Immer die im Raum stehende Vermutung, dass mit mir etwas nicht stimmt. Für die damalige Zeit war es unvorstellbar, dass jemand freiwillig ein Leben als Single und Außenseiter wählt. Das galt als Affront, als Untergrabung der Gemeinschaft, als moralisch verwerfliche Weigerung, seine Pflichten gegenüber der Gesellschaft zu erfüllen.

Alles, was mit Liebe und Partnerschaft zusammenhängt ist ein missliches Thema, weil wir dabei nur auf Probleme, Fragen, Unsicherheiten, Zufälle, Zwänge, Erwartungen und falsche Hoffnungen treffen, die keine allgemein gültigen Antworten oder Ratschläge zulassen. Die Wahl eines Partners ist die schwierigste und folgenreichste Entscheidung in unserem Leben. Eingegangene Beziehungen lassen sich oft nicht so einfach beenden. Trennungen sind – mindestens für einen von beiden – schmerzhaft. Wir haben Angst davor, uns zu früh für den Falschen zu entscheiden. Man möchte ja nicht die gleichen Fehler wie die Mutter machen. Gleichzeitig könnte es sein, dass wir später unser Zögern bereuen.

Meistens beginnt eine Partnerschaft nicht mit einer Entscheidung, sondern als ein ungeplantes Ereignis. Durch Zufall treffen zwei Menschen aufeinander, die sich Hals über Kopf ineinander verlieben. Diese weit über die Sympathie hinausgehende Anziehungskraft überfällt die Personen wie aus heiterem Himmel, sie geraten in einen Ausnahmezustand des Glücks, den sie nicht in Worte fassen können, der aber wie wir wissen durch nichts anderes als durch chemische Reaktionen von Botenstoffen und Hormonen ausgelöst wird. Der Verstand setzt aus, und es vereinigen sich zwei genetisch vorteilhaft zu einander passende Körper zum biologischen Zweck der Fortpflanzung.

Die Griechen der Antike, denen die wissenschaftlichen Erkenntnisse unserer Zeit noch nicht zur Verfügung standen, führten Freundschaft und Liebe auf die Einflussnahme des Gottes Eros zurück, der seine Aufgabe darin fand, die Menschen zu verbinden, nachdem der ursprüngliche Mensch von Zeus in zwei Hälften geschnitten worden war. Die in einen weiblichen und einen männlichen Teil gespaltenen Wesen sehnen sich seit dieser gewaltsamen Trennung danach, sich wieder zu vereinen. In dem berühmten und immer wieder lesenswerten „Symposion" schildert Platon ausführlich den Grund und die Folgen dieser von Zeus vorgenommenen Spaltung des Menschen in zwei Wesen. In dieser Sage steckt eine faszinierende Theorie, die sich auf das gesamte Geschehen im Kosmos ausdehnen lässt. In meiner „Physikalischen Geschichtstheorie" habe ich die Idee der Spaltung einer ursprünglichen Einheit als Ursache für die Dynamik vom kosmischen Urknall bis zur menschlichen Geschichte angenommen.

Das alles sind sicherlich interessante theoretische Gedankenspiele. Doch wir stehen vor einem ernsthaften Problem, das unser ganzes Leben betrifft. Wie gehen wir damit um, dass unsere Wünsche mit der Realität nicht in Einklang zu bringen sind? Unabhängig davon, wie wir uns unser zukünftiges Leben vorstellen, gibt es drei Möglichkeiten auf die Erfahrung zu reagieren, dass es nicht so klappt wie wir möchten und dass wir bei der Verwirklichung unserer Träume vor unüberwindbaren Schwierigkeiten stehen. Wir können versuchen, die Realität zu ändern, wir könnten unsere Hoffnungen und Ziele aufgeben oder wir könnten das Scheitern durch Ersatzbefriedigungen kompensieren (berufliche Erfolge, Ehrenämter, Reisen, Essen, Sport, Süchte aller Art).

Wenn die Liebe abgekühlt ist, der Alltag einkehrt und die Menschen sich nicht mehr durch die rosarote Brille sehen, nehmen sie die Unarten und die negativen Eigenschaften des Partners oder der Partnerin wahr. Die Ernüchterung erfolgt zwangsläufig, weil es den absolut perfekten Menschen nicht gibt. In dieser Situation ändern wir die Realität, in dem wir die Beziehung sofort beenden oder indem wir versuchen, den Partner zu ändern. Der Kampf, den viele Frauen mit steigender

Intensität, mit Gezeter und einem Belohnungssystem führen, ist aussichtslos. Vielleicht ist ein Mann dazu zu bewegen, abzutrocknen, den Müll herunter zu bringen oder nicht mehr im Stehen zu pinkeln. Dummheit, Faulheit, Spielsucht, Geiz, Egoismus, Angeberei oder ähnliche Charakterschwächen lassen sich nicht beheben. Am Ende läuft es auf die Trennung oder die Aufgabe des Kampfes hinaus. Im ersten Fall kann das Spiel mit einer neuen Liebe begonnen werden – erfahrungsgemäß fallen sowohl Männer als auch Frauen dabei auf frühere Auswahlmuster herein, sie nehmen jemanden, der dem ehemaligen Partner im Aussehen und in der Art sehr ähnlich ist. Am Ende ihres Lebens können sie dann auf eine ganze Reihe von „Lebensabschnittspartnern" zurückblicken.

Die mutlose Resignation, die uns angesichts der Widerspenstigkeit der Materie, die wir durch unseren Willen so gut wie gar nicht beeinflussen können, überfällt, taucht in zwei Formen auf: als Verzicht auf eine Partnerschaft oder als Verzicht in einer Partnerschaft.

Den ersten Weg habe ich gewählt. Genauer wäre es zu sagen, dass der Weg mich gewählt hat, denn alles andere hätte nicht zu meiner Person gepasst. Das klingt dunkel, wird dir aber gleich verständlich, wenn ich über meine Einstellungen berichte, die ich als Jugendlicher vertrat. Ich war immer in ein Mädchen verliebt, in Monika W. während meiner Grundschulzeit, dann viele Jahre in Sabine A., später in drei, vier andere junge Mädchen, deren Namen ich für mich behalte. Aber ich war immer zu schüchtern, um sie anzusprechen. Vielleicht wollte ich es gar nicht, denn ich hätte überhaupt nicht gewusst, was ich mit ihnen anfangen soll. Sie verkörperten ein Ideal, ihre Schönheit bestand in ihrem Lächeln, ihren anmutigen Bewegungen, ihrer Offenheit, ihrer natürlichen Verspieltheit, ihrem reizenden Wesen. Neben diesen unantastbaren, unerreichbaren Göttinnen gab es immer noch die eine oder andere bei der mehr die sexuelle Attraktivität im Vordergrund stand, die ein hormonell bedingtes Verlangen entfachte. Es fiel mir schwer, zu diesem Begehren aus niederen Instinkten zu stehen und ihnen nachzugeben. Alles Sexuelle fand ich peinlich und unanständig, ein Verrat an der großen und einzigartigen Liebe. Schon damals zeigte sich bei mir ein Hang zu körperlicher Distanz. Herzliche Umarmungen, Berührungen, Küsschen hier und Küsschen da – das lag mir nicht. Warum mir seit jeher die Wahrung meiner Autonomie so wichtig war kann ich nicht erklären. In jedem Fall leben Beziehungen zu einem wesentlichen Teil von Nähe und Körperkontakt. Der Gedankenaustausch allein reicht nicht. Die Mädchen, auf die sich meine große Liebe richtete, spürten instinktiv meine Beziehungsunfähigkeit, denn sie schenkten mir keine Beachtung. Ihr Augenmerk galt den Machos, den Angebern und den körperlich attraktiven Sportlern. Für Frauen kam ich nie in Frage, weil sie ahnten, dass ich nicht zum Familienleben taugte, sondern „höhere" Ziele mit fanatischem Eifer verfolgte, Ziele, denen ich meine ganze Kraft und Aufmerksamkeit schenken würde. Tatsächlich hatte ich immer Angst davor, mich an eine Person zu binden und früh in das Korsett einer eigenen Familie gezwängt zu werden. Immer wenn es ernst zu werden drohte machte ich einen Rückzieher.

Wer sich nicht von seinen Gefühlen leiten lässt, sondern einen klaren Kopf bewahrt und seinen Verstand gebraucht wird selbst im Zustand der Verliebtheit ein gewisses Maß an Vorsicht behalten. Die Angst vor einer endgültigen Bindung arbeitet im Unterbewusstsein gegen die offiziell verkündeten Absichten und Schwüre, weil es die Erfahrungen nicht vergisst. Die Beobachtung von menschlichen Beziehungen führt die ernüchternde Realität der Bindungen vor Augen wie sie sich nach der Phase der Verliebtheit entwickelt. Die Darstellung der Leidenschaften und der Abgründe, der Hoffnungen und Enttäuschungen bietet seit ewigen Zeiten eine unendliche Fülle an Stoff für Dichter und Schriftsteller, für Opernkomponisten und Schlagersänger. Die Kinofilme enden meistens, wenn sich zwei Menschen nach einer Reihe von Missverständnissen und Hindernissen gefunden haben. Der Alltag danach sieht meistens nicht mehr so rosig aus. Das beginnt oft mit der Schwangerschaft oder der Geburt eines Kindes. Die Liebe der Frau wendet sich einem neuen Objekt zu, der Mann ist abgemeldet und fühlt sich überflüssig. Er wird noch als Einkommensquelle oder als Möbelpacker gebraucht, wenn überhaupt. Kluge Frauen behalten ihren Mann so lange, bis das zweite Kind da ist und ein Haus gebaut wurde. Sollte die Frau feststellen, dass der Mann nichts taugt und nicht einmal Unterhalt bezahlt, kann sie es ja mit einem zweiten oder dritten versuchen. Wer sich entscheidet zusammenzuleben muss viel Geduld mitbringen, denn die Gewohnheiten und Eigenarten von zwei Individuen bieten Reibungspunkte und ständig Anlässe zum Streit. Auch zwei Menschen, die einmal bis über beide Ohren ineinander verliebt gewesen waren, können sich nach einiger Zeit auf den Keks gehen.

In allen Partnerbeziehungen stellen sich zwangsläufig drei Fragen: Wollen wir zusammen leben? Wollen wir Kinder? Wollen wir heiraten? Die Reihenfolge der Entscheidungen spielt heute kaum noch eine Rolle. Dafür sind die zu bestehenden Herausforderungen nach wie vor immens. Jeder dieser einzelnen Schritte, die dazu dienen, die Bindung zu verstärken, wirft viele Probleme auf. Ein unterschätzter Faktor ist die Zeit, die einerseits objektiv und unerbittlich voranschreitet und die andererseits subjektiv wahrgenommen wird. Ich habe mich zum Beispiel mindestens bis zu meinem vierzigsten Geburtstag noch als Jugendlicher mit einer unendlichen, offenen Zukunft gefühlt. Es war für mich unvorstellbar, ein verheirateter Familienvater zu sein. Andere aus meinem Freundeskreis waren sich schon mit 25 sicher, die Richtige gefunden zu haben. Sie wollten schon früh eine Familie gründen. Die Unterschiede in der Bereitschaft zu Ehe und Kindern gingen auf die unterschiedliche berufliche und finanzielle Situation zurück. Für diejenigen, die mit 20 ihre Ausbildung abgeschlossen und einen festen Job bekommen hatten, war die Familiengründung der nächste logische und zeitlich angebrachte Schritt. Ich dagegen bekam nach den Zeiten des Zivildienstes, der zwei Jahre dauerte, des Studiums, der Referendariats und der Arbeitslosigkeit erst kurz vor meinem 32. Lebensjahr eine feste Anstellung und ein auskömmliches Gehalt.

Wann ist der richtige Zeitpunkt, sich für jemanden zu entscheiden, obwohl wir in Kürze jemanden kennen lernen könnten, der noch besser zu uns passt? Wann ist der richtige Zeitpunkt, um zusammen zu ziehen? Wann ist der richtige Zeitpunkt für Kinder? Aus eigener Erfahrung kann ich nur empfehlen, nicht zu lange

zu warten, möglichst schnell das Zusammenleben aus-
zuprobieren (soweit das bei der heutigen Wohnungs-
not möglich ist) und bei der Erfüllung des Kinder-
wunsches auf deinen Instinkt zu vertrauen.

Als ich soweit war, ernsthaft eine Familiengründung
in Angriff zu nehmen, hatte die Zeit gegen mich ge-
arbeitet. Das Angebot beschränkte sich auf wenige
Ladenhüter und einige benutzte und teils ramponierte
Gebrauchtwaren. Meine Situation entsprach den harten Realitäten eines Marktes. Die attraktivsten Frauen
waren schon lange in festen Händen, und für alle noch
ungebundenen, jüngeren Frauen kam ich als alternder
Intellektueller, der unter Torschlusspanik leidet, schon
gar nicht in Frage. So wurde aus dem freiwilligen Verzicht ein erzwungener Verzicht.

Nonnen und Mönche entsagen der Ehe, um ihr ganzes Leben uneingeschränkt ihrem Gott zu widmen.
Der Gedanke, dass uns Familie und Kinder davon ablenken, höhere Aufgaben zu erfüllen, wurde von vielen berühmten Wissenschaftlern, Schriftstellern und
Künstlern geteilt, so. z.B. von Immanuel Kant, Artur
Schopenhauer und Friedrich Nietzsche. Sie wollten
ihre ganze Kraft konzentrieren, um etwas Großes
zu leisten. Einige dieser Menschen, die mit Leidenschaft und unbändigem Willen ein Ziel verfolgten,
versuchten trotzdem ihrem Leben durch eine Familie
einen Anstrich von Normalität zu verleihen. Das Konzept funktionierte nur, wenn die zweite Hälfte zurück-
steckte, den Haushalt besorgte, die Kinder erzog und
darin aufging, alles für das Wohl des anderen zu tun.
In der bisherigen Geschichte der Menschheit fiel die
Rolle des Genies fast ausschließlich Männern zu, ihre

Frauen blieben im Hintergrund. Die Leistungen der Männer wurden nicht selten erst durch Frauen ermöglicht, die Besucher fernhielten, die die Korrespondenz erledigten und den Alltag organisierten, die zuhörten, Ratschläge gaben und den Ehrgeiz durch bewundernde Teilnahme anstachelten. Genauso viele litten unter der Abwesenheit des Mannes, seinem Egoismus, seiner Undankbarkeit, seiner Reizbarkeit. Die bedauernswerten Kinder sahen den Vater selten, wurden zu streng oder zu nachlässig behandelt und mussten sich ewig an den hohen Ansprüchen messen lassen. Im Lichte des berühmten Vaters fühlten sie sich minderwertig, unnütz und schwach. Einigermaßen erfolgreich und von der Nachwelt anerkannt waren eigentlich nur die Söhne von Johann Sebastian Bach.

Es mag sein, dass in unserer heutigen Gesellschaft, in der die Frauen durch ihre berufliche und finanzielle Unabhängigkeit mit mehr Selbstbewusstsein auftreten und als eigenständige und gleichberechtigte Menschen anerkannt werden, die traditionelle Rollenverteilung einem neuen Partnerschaftsmodell gewichen ist. Ich befürchte aber, dass du noch haufenweise auf Männer treffen wirst, die wie Orang-Utans nichts anderes können als sich auf die breite Brust zu klopfen und testosterongesteuert durch die Welt zu stolzieren, im festen Glauben an ihre Kraft und ihre Unbesiegbarkeit. Männer, die sich für unwiderstehlich halten, ständig im Modus der Jagd und des Kampfes, Männer, die nicht merken, wie lächerlich und dumm sie sind. Stärke und Potenz scheinen bei vielen Frauen immer noch das bevorzugte Kriterium für die Auswahl eines geeigneten Erzeugers zu sein, obwohl wir nicht mehr im Paläolitikum leben. Wenn diese Männer sich nicht von selbst aus dem Staub machen, um das nächste Weibchen zu begatten, werden sie abgeschoben und zum Unterhalt verdonnert. Eine allein erziehende Mutter hat dann eine Last weniger.

Wer sich für die Ehe entscheidet und eine dauerhafte Bindung anstrebt, die bis ans Lebensende hält, sollte darauf vorbereitet sein, dass sich alle Menschen im Lauf der Zeit verändern oder dass man Eigenschaften an Personen wahrnimmt, die am Anfang übersehen wurden. Die erste große Verwandlung lässt sich häufig kurze Zeit beobachten, nachdem zwei Menschen in den „sicheren Hafen der Ehe" eingelaufen sind. Ob Frau oder Mann oder beide zugleich: sie lassen sich gehen, sie vernachlässigen ihren Körper und sie werden bequem. Man muss sich ja nicht mehr anstrengen, um dem anderen zu gefallen nachdem das Ziel erreicht ist. Diese Vernachlässigung wirkt sich optisch meist sehr nachteilig aus. Das wahre Gesicht kommt zum Vorschein und zeigt sich nicht nur äußerlich, sondern vom Charakter her hässlich, wenn ein Partner plötzlich kommandiert, faul wird, den anderen ausnutzt, vielleicht sogar demütigt oder auf sadistische Weise quält. Eifersucht in der Phase der Verliebtheit nimmt man als natürliche Begleiterscheinung noch in Kauf, sie steigert sich erstaunlicherweise nicht selten nach der Eheschließung ins Extreme, weil eine Person den Partner nun als seinen Besitz betrachtet. Die Dramen, die sich hinter den Fassaden der perfekten Ehe abspielen, sind für Außenstehende unvorstellbar. Es sind die psychischen Dispositionen eines Menschen, die Liebe, Hass, Anhänglichkeit, Eifersucht und Gewalt erzeugen. Vielen gelingt es deshalb nicht, sich aus zerstörerischen, leidvollen Beziehungen zu befreien.

Nicht alle Ehen verlaufen dramatisch, viel häufiger ist der schleichende Tod. Im Laufe der Zeit hat man sich nichts mehr zu sagen. Man lebt nebeneinander her, gewohnheitsgemäß und ohne jede Leidenschaft. Eine Trennung kommt nicht in Frage, weil man sich wegen der Kinder verpflichtet fühlt, sie in einer heilen Welt groß zu ziehen. Man erwartet nicht mehr viel vom Leben und zieht die Sicherheit des Bestehenden dem Wagnis eines Neuanfangs vor. Diese mittleren Jahre muss man überstehen, dafür besitzt der Mann seinen Keller, in dem er verschwindet und ungestört stundenlang herumwerkeln kann. Frauen treffen sich mit Freundinnen, organisieren Wohltätigkeitsveranstaltungen und träumen vom Glück. Neben dem Kampf um die Veränderung eines Partners und dem Verzicht ist das Ausweichen der dritte Weg, den wir wählen können. Dabei spielt es keine Rolle, welche Beschäftigung uns am meisten Befriedigung gewährt. Viele gehen in ihrem Beruf auf, sie investieren ihre ganze Zeit und ihre ganze Kraft in eine Tätigkeit, die ihrem Leben einen Sinn gibt. Andere suchen den Erfolg im Sport und manche widmen sich intensiv einem Ehrenamt oder ihren Hobbys (Briefmarken sammeln, Reisen, Reiten, Gärtnern).

Ein besonderes Kapitel ließe sich an dieser Stelle über die Liebe zu Tieren schreiben, die im überproportionalen Verhältnis zu negativen Erfahrungen und Enttäuschungen im Umgang mit anderen Menschen anzuwachsen scheint. Wie sehr spenden diese treuen, aufmerksamen und mitfühlenden Gefährten ihren Besitzern Trost in den Stunden der Einsamkeit! Wie dankbar sind sie für jede Liebkosung, wie wohltuend ihre Wärme, wenn sie sich anschmiegen, wie groß ist ihre Freude beim Wiedersehn! Die Hinwendung zu einem Tier mag dem Besitzer viel Freude bereiten, sie ist zugleich eine deutliche Abwendung vom Ehepartner, dem die Zuneigung entzogen wird. Es ist für jede Ehe und selbst für jede beginnende Liebe tödlich, wenn das Tier an erster Stelle steht.

Wenn die Kinder erwachsen sind, steht jede Ehe erneut am Scheideweg. Frauen nutzen die neue Situation, um sich endlich von ihrem Mann zu befreien und noch einmal beruflich und privat durchzustarten. Allerdings treibt die Natur ein böses Spiel mit den Frauen. Da sie ihre generative Funktion als Mütter erfüllt haben, verlieren die meisten an äußerer Attraktivität. Ein Prozess, den Frauen mit allen möglichen Schönheits- und Faltenmittelchen aufzuhalten versuchen. Der Mann steht dagegen mit Fünfzig noch in der Blüte seiner Schaffenskraft und gewinnt durch Reife an Ausstrahlung, nicht selten für jüngere Frauen, die gefestigte Persönlichkeiten schätzen, die ihnen Sicherheit, Wohlstand, Orientierung und humorvolle Gelassenheit bieten.

Der vielleicht glücklichste Abschnitt eines gemeinsamen Lebens beginnt mit dem Ende der Berufstätigkeit. Wenn beide Partner allen Pflichten enthoben die Freiheit des Ruhestands genießen können, lernen sie den Wert eines Menschen, der treu an ihrer Seite steht erst richtig schätzen. Gerade im Alter darf man froh und dankbar sein für jede gemeinsame Stunde. Die über Jahrzehnt gewachsene Verbundenheit erfährt in diesen Jahren eine neue Tiefe durch die Milde und die Sentimentalität, die sich unvermeidlich einstellen, wenn das Ende naht, wenn unsere körperlichen Kräfte schwächer werden und wenn Krankheiten und Gebrechen uns bewusst werden lassen, wie hilfsbedürftig wir sind.

Die hohe Anzahl an Scheidungen bestätigt mein skeptisches Urteil über partnerschaftliche Beziehungen. Schon die Grundkonstellation aus Mann und Frau, die sich in ihren Wünschen, Anlagen und Handlungen wesentlich unterscheiden, verspricht nichts Gutes. Die oft geäußerte Meinung, dass sich Gegensätze anziehen und ergänzen, stimmt nur für eine begrenzte Zeit, in der Regel endet diese konfliktträchtige Beziehung mit einer Trennung, wenn sich nicht eine Person der anderen vollständig unterordnet. Schwierig werden Beziehungen über die allgemeinen Geschlechtsunterschiede hinaus durch das Aufeinanderreffen von zwei individuellen Persönlichkeiten mit ihren tief verwurzelten, eigenen Geschichten. Die Nachteile einer dauerhaften, möglicherweise durch eine Heirat zementierten Beziehung liegen in einem Verlust der Freiheit (besonders aus männlicher Sicht), in der Verengung des Horizonts, in den Verpflichtungen, dem Zeitaufwand und den zu erwartenden Formen des Martyriums, das in rasender Eifersucht, in Gleichgültigkeit, in einem alltäglichen Kleinkrieg mit ständigen Vorwürfen oder in der Unerträglichkeit der Person bestehen kann, die jeden Reiz verloren hat, weil Dummheit, Rohheit oder andere Eigenschaften nicht mehr zu übersehen sind.

Für den Durchschnittsmenschen nimmt die Familie einen zentralen Stellenwert ein. Sie bedeutet ihm alles, denn sie gibt seinem Leben einen Sinn. Die Vorteile enger partnerschaftlicher und familiärer Bindungen liegen in der Sicherheit, in der gegenseitigen Sorge und in der Überwindung der Einsamkeit. Nichts ist schwerer auszuhalten als die Einsamkeit. Viele Jahre meines Lebens habe ich unendlich unter dem Gefühl der Ausgeschlossenheit und Fremdheit gelitten, ein Gefühl, das dich ins Nichts zieht und dir ständig deine Wertlosigkeit vor Augen hält. Alle Menschen brauchen die Anerkennung, das Verständnis und die Zuneigung anderer Menschen. Das macht einen großen Teil unseres Selbstbewusstseins aus. Bis zu einem gewissen Zeitpunkt können die sozialen Kontakte zu Freunden und Arbeitskollegen die familiäre Bindung ersetzen. Spürbar wird die Einsamkeit meistens erst, wenn wir von zuhause ausgezogen sind und allein am Abend und am Wochenende in unserer Wohnung sitzen, wenn die besten Freundinnen eine feste Beziehung eingehen, heiraten, Kinder bekommen, uns mitleidig bedauern und uns mit einem ebenso armen, allein stehenden entfernten Freund des Mannes verkuppeln wollen. Sie versuchen uns mit Weisheiten zu motivieren. "Geteiltes Leid ist halbes Leid, geteiltes Glück ist doppeltes Glück". Doch sie erreichen damit nur, dass wir uns als ein Ladenhüter fühlen, den keiner haben will.

Spätestens zu diesem Zeitpunkt stellt sich die Frage: Wie lernt man überhaupt den Richtigen oder die Richtige kennen? In diesem Punkt bin ich ratlos. Aus eigener Erfahrung kann ich nur berichten, dass bei mir weder das Warten auf die zufällige Begegnung mit meiner Traumfrau noch die aktive Suche über Partnervermittlungen oder Internetkontaktseiten zum Erfolg geführt haben. Die Details dieser Versuche, jemanden kennen zu lernen, erspare ich mir. Mein Fehler – und manchmal der Fehler der neuen Bekanntschaften –

bestand darin, dass ich meinen Verstand und meine Vorstellungen nicht ausschalten konnte. Mit einem fest umrissenen Schönheitsideal vor Augen und einer ganzen Reihe von Kriterien im Kopf musste die aktive Suche scheitern. Sicherlich ist es wichtig, dass der oder die Auserwählte klug, humorvoll, ordentlich, kinderfreundlich, bodenständig, zivilisiert und berufstätig ist. Er sollte kein Macho, kein Angeber und kein Laberheini sein. Wichtig wäre es ebenso, einige Interessen und Ansichten zu teilen. In der Regel scheinen sich die Chance für diejenigen zu erhöhen, die ihr eigens Leben leben, die anderen offen und unbefangen begegnen, nicht allzu schüchtern sind und die nicht den Eindruck erwecken, händeringend auf der Suche zu sein. Generell lernen sich die meisten Menschen in einem Umfeld kennen, das nicht anonym ist, z.B. im Freundeskreis, auf der Arbeit, in Vereinen, auf Fortbildungen, Konferenzen oder während des Studiums. Die Hoffnung, den Traummann oder die Traumfrau in der U-Bahn zu begegnen, in der Diskothek, im Urlaub oder zufällig beim Einkaufen, ist eine absolute Illusion. Sie erfüllt sich so selten wie das Finden eines Fünfhundert-Euro-Scheins.

Es ergibt sich irgendwann etwas oder auch nicht. Das kann in beiden Fällen gut sein oder auch schlecht. Kein Bereich ist von so vielen Faktoren, Zufällen und Unwägbarkeiten abhängig wie die menschlichen Beziehungen. Daher gibt es keinen Zwang zu irgendetwas und keine Norm, die du erfüllen musst.

15. Brief:
Über Tod und Trauer

Liebe Charline,

diesen Brief möchte ich einem Thema widmen, das wir aus unserem Leben verdrängen möchten, weil wir dunkelste Ahnungen in uns tragen und gleichzeitig hoffen, dass der Kelch an uns vorübergeht. Doch alle Schicksalsschläge, auf die wir nicht vorbereitet sind, treffen uns besonders hart. Welchen Sinn hat das Leben, wenn der Tod am Ende alles auslöscht und vernichtet? All die Fragen, die der Tod eines geliebten Angehörigen oder unser eigenes Ende aufwerfen, bleiben ohne überzeugende Antworten. Daher scheint es am Besten zu sein, das Thema zu verdrängen. Doch selbst dann weicht die dunkle Macht nicht von unserer Seite.

Als junger Schüler, der gerade die Welt der Bücher entdeckt hatte, bekam ich zu Weihnachten von meinen Eltern ein Buch von Frederick Maryat geschenkt. Es hieß „Sigismund Rüstig". Der ehemalige Flottenadmiral Maryat erzählt darin die Geschichte der „Pazific", einem Dreimaster, der englische Stahlwaren nach Australien bringen sollte. Neben dem Kapitän Osborne und dreizehn Matrosen befand sich die Familie Seagrave an Bord mit ihren vier Kindern William, Tommy, Karoline und dem einjährigen Albert. Sie wollten auf ihre Ländereien zurückkehren und hatten daher Haushaltswaren, Ackergeräte, Zuchttiere und Sämereien mit aufs Schiff genommen.

Auf der langen Fahrt über den endlosen pazifischen Ozean stand der 14jährige William oft an der Seite des 2. Steuermanns Sigismund Rüstig, der ihm alles über die Seefahrt und die Natur erklärte. Der alte Seebär Rüstig fuhr schon seit über fünfzig Jahren zur See.

Die Pazific geriet in einen Orkan, der drei Tage wütete und vier Matrosen über Bord spülte. Blitzeinschläge zertrümmerten die Masten, die wie Rammböcke noch von den Seilen gehalten am Schiff hingen und mehrere Löcher in die Bordwand schlugen. Der Untergang war nur noch eine Frage der Zeit, daher ließen die Seeleute bei abflauendem Sturm das einzige Rettungsboot zu Wasser, das schnell mit Proviant beladen wurde. Der begrenzte Platz auf der Pinasse reichte nur für zehn Personen. Die Matrosen entschieden, ihr eigenes Leben zu retten und die Familie Seagrave zurück zu lassen. Nur Sigismund Rüstig blieb freiwillig auf dem untergehenden Schiff, weil er es nicht über das Herz brachte, die Kinder ihrem Schicksal zu überlassen.

Am nächsten Tag entdeckten sie eine Insel, die von einem Korallengürtel umgeben war, auf den Rüstig das Schiff aufsetzte. Mit Hilfe von William reparierte er eine kleine Jolle, mit der die Familie an den Strand gebracht wurde. Unermüdlich ruderten der alte Steuermann und William zwischen dem Wrack und der Insel hin und her, um die Tiere, die Vorräte und alle brauchbaren Güter an Land zu bringen. Rüstig drängte zur Eile, da er weitere Stürme und das Einsetzen des Monsuns befürchtete. Mit William und den Hunden begab er sich auf einen Erkundungsgang über die anscheinend unbewohnte Insel, um eine Trinkwasserquelle und einen geeigneten Platz zum Aufbau einer Holzhütte zu finden. Ohne die vorausschauende Planung und Erfahrung des alten Steuermanns, der sich als überraschend tatkräftig und ausdauernd erwies,

wäre die Familie Seagrave verloren gewesen. Rüstig
zeigte William wie man Schildkröten fängt, wie man
fischt und wie sich an den Zeichen der Natur das Wetter vorhersagen lässt. Rüstig freute sich daran, dass er
sein Wissen an William weitergeben konnte, und William blickte mit Bewunderung zu diesem ruhigen und
klugen Mann auf. Er hing an Rüstig, der ihm Vorbild,
Vertrauter und Freund zugleich war.

In weiser Voraussicht ließ Rüstig Palisaden bauen, um
das Lager vor Überfällen durch Eingeborene zu schützen, die möglicherweise auf den umliegenden Inseln
leben würden. Er behielt Recht. Unglücklicherweise
hatte Williams jüngerer Bruder Tommy die Wäsche
nicht an der Quelle gewaschen, sondern die Wasser-
vorräte im Lager dafür verbraucht. Nach dem zurück-
geschlagenen ersten Angriff wurden sie tagelang be-
lagert. Der Durst quälte alle so entsetzlich, dass sich
Rüstig eines frühen morgens entschloss, die Festung
zu verlassen, um Wasser zu holen. Er hatte das Tor
schon erreicht als ihn ein Speer in den Rücken traf
und seine Lunge durchbohrte. Rüstig starb – umgeben von der Familie – am selben Abend. Seine letzten Worte richtete er an William. An dieser Stelle des
Buches liefen mir die Tränen über mein Gesicht. Der
Tod dieses hilfsbereiten und herzensguten Menschen
beschäftigte mich noch tage- und nächtelang. In den
Schock über das plötzliche, gewaltsame Ende mischte
sich Empörung und Verzweiflung. Diesen Tod hatte
Rüstig nicht verdient.

Kurze Zeit darauf fesselten mich erneut die spannenden Detektivgeschichten der „3 Fragezeichen", in
denen am Ende immer das Gute triumphierte. Sorg-

los und ohne Vorahnungen lebte ich mit meinen zehn Jahren als fröhlicher, ausgeglichener und freundlicher Junge, der mit Optimismus und grenzenloser Zuversicht in die Zukunft sah. Das Leben war schön an der Seite meines Großvaters, der mich mitnahm in sein Leben, seinen Garten und die Welt der Eisenbahner, die in ihrem Viertel am Wilhelmsburger Rangierahnhof in mehrstöckigen Häusern der Gründerzeit lebten. Das schiefe, zur Buddestraße hin sich vorn über neigende Zeppelinhaus, in dem meine Großeltern lebten wurde nach dem Luftschiff benannt, das 1930 bei der Landung in New York in Flammen aufging und schräg mit dem Bug voran nach unten stürzte. Die um 1900 errichteten Gebäude besaßen ihren eigenen, einmaligen Geruch, der sich aus modrigen Kellern, dem trocknen Holz der Dielenböden und den Ausdünstungen der Mieter zusammensetzte. Die Wohnung meiner Großeltern lag im Erdgeschoß. Sie bestand aus einer geräumigen Küche mit einer Vorratskammer und einer Feuerstelle, einem spartanisch eingerichteten Wohnzimmer mit Ofenheizung und einem unbeheizten Schlafzimmer. In das große Ehebett mit gigantisch voluminösen Daunendecken wurden an kalten Wintertagen, an denen der Frost die Raumfeuchtigkeit zu Eisblumen an den Fensterscheiben gefrieren ließ, zwei im Ofen vorgeheizte Ziegelsteine gelegt. Etwas unheimlich erschien uns Kindern der enge Raum mit der Toilette und dem tosenden, hoch oben hängenden Spülkasten, an dem man an einer langen Kette ziehen musste. Das Leben in einer Wohnung ohne Zentralheizung, ohne warmes Wasser, ohne ein Bad mit Dusche oder Badewanne kann man sich heute kaum noch vorstellen. Damals haben wir nichts vermisst. Meine Großeltern besaßen keinen Fernseher, dafür aber ein Radio, den

Volksempfänger" und einen Plattenspieler. Wenn wir abends zusammen „Sechsundsechzig" oder „Eile mit Weile" spielten wurde manchmal eine Schallplatte mit dem „Großen Hafenkonzert" aufgelegt. Jeden Sonntagmorgen verfolgten sie die Übertragung des Hafenkonzerts im Radio.

Die klassische Rollenverteilung erschien uns als Kinder praktisch und sinnvoll. Meine Oma sorgte für das Essen, wusch ab, reinigte die Küche und die Zimmer, trug die dreckige Wäsche in die vom Hof zugängliche Waschküche, wo sie in monströsen Kesseln bei kochendem Wasser durchgerührt wurde. Sie trug die nasse Wäsche auf den Dachboden, um sie aufzuhängen und sie am Ende abzunehmen, zu bügeln und zusammen zu falten. Oft sah ich ihr beim Einkochen von Gemüse und Obst zu, das in großen Weckgläsern als Vorrat für den Winter im Keller aufbewahrt wurde. Alle zwei Wochen rollte sie den Teppich im Wohnzimmer zusammen, hängte ihn über die Teppichklopfstange im Hof und schlug den Staub heraus.

Die Aufgaben meines Opas, der nach einem Herzinfarkt mit einer kleinen Pension im Ruhestand lebte, beschränkten sich auf das Herauftragen der Eierbriketts aus dem Kohlenkeller und die Betreuung des Kleingartens. So hatte er genügend Zeit für ein ausgiebiges Mittagsschläfchen auf dem Sofa und für den Jüngsten, dem seine ganze Liebe und seine ganze Aufmerksamkeit galt. Er nahm mich mit auf seine Spaziergänge durch das Viertel, wo er wohl jeden Bewohner kannte. Allein fünf seiner Brüder wohnten mit ihren Familien in den Straßen um den Bahnhof. Wie alle Eisenbahner trug mein Opa eine Baskenmütze, ein graues Jackett und eine von Hosenträgern gehaltene Stoffhose. Schon auf dem Hochzeitsfoto aus dem Jahr 1935 sieht man ihn, der 1906 geboren wurde, mit einem rundlichen Gesicht, wenig Haaren und einem leichten Bauchansatz fröhlich lachen. Mein Großvater war ein geselliger Mensch, der in seiner Freizeit Akkordeon in einer kleinen Tanzkapelle spielte, die am Wochenende in den vielen umliegenden Lokalen auftrat. In der Gaststätte am Bahnhof lernte er meine Oma kennen, die dort als Kellnerin arbeitete.

Die glücklichsten Stunden unseres Lebens verbrachten mein Opa und ich im Kleingarten, der sich nur wenige Minuten von der Wohnung entfernt an einem kleinen See befand. Im Garten gab es immer etwas zu tun. Unter der Anleitung meine Opas durfte ich umgraben, Kartoffeln pflanzen, Hecken und Bäume schneiden, in den Beeten mit den Bohnen, den Radieschen, den Zwiebeln und den Karotten das Unkraut zupfen. Eine große Fläche war für die Erdbeeren reserviert, von denen jedes Jahr die Ableger abgeschnitten und in ein neues Beet gesetzt wurden. Mit der Gießkanne, die ich am Teich füllte, bewässerte ich das angepflanzte Gemüse und die den Gartenweg säumenden Gladiolen, Bauernrosen und Hortensien. Besondere Freude bereitete allen die Ernte, bei der jede zweite Kirsche, Erdbeere oder Pflaume sofort im Mund verschwand. Um die Möhren abzuschaben, an denen noch Erde haftete, schenkte mir mein Opa ein rotes Taschenmesser, das ich noch heute besitze und auf das ich damals ganz stolz war, weil ich damit auch die Holzstöcke anspitzen konnte, mit denen die in der Glut röstenden Kartoffeln herausgepickt wurden. Ein kleines Feuer, das mich gut beschäftigte, brannte dort immer.

Luxuriöse, bewohnbare Gartenhäuser wie heute gab es damals nicht. Einfach ausgestattet mit einem Geräteschuppen und einem Hühnerstall diente der Garten meines Opas hauptsächlich dem Anbau von Obst und Gemüse. Es gab keinen Strom, kein fließendes Wasser, keine Motorsäge, keine Krach machenden Laubgebläse. Mit dem Rechen fegten wir das Laub zusammen und der Rasen wurde mit dem Handrasenmäher kurz gehalten. Eines Tages nahm mich mein Opa an die Hand und führte mich zu einem Wohnblock, der gerade abgerissen wurde. Aus den Trümmern suchten wir Holzbalken und Dielenbretter heraus, die wir zum Garten trugen. „Du kannst schon einmal den alten Kaninchenstall wegreißen und das Holz verbrennen. Danach kannst du dir an der Stelle dein eigenes Häuschen bauen." Damit ging ein lang gehegter Wunsch in Erfüllung. Gemeinsam bauten wir eine Hütte mit einer abschließbaren Tür und zwei Fenstern. Ich durfte die Bretter zusägen und annageln, nachdem ich meinem Opa geholfen hatte, die Pfosten und die Querbalken zu setzen.

Der Garten, das war unser Reich, das war Freiheit, Abenteuer und Erholung. Nachmittags kamen meine Oma, Nachbarn und meine Eltern dazu, brachten Kuchen, Sahne, Saft und mehrere Kannen Kaffee – und dann saßen wir alle in der Sonne, windgeschützt durch die Reetmatten und umsäuselt von dem lieblichen Duft der umstehenden, wild rankenden rosafarbenen Kletterrosen. In die Stille hinein tönten die Glockenschläge der Turmuhr von der Kirche an der Wehrmannstraße.

Am 10. Juni 1972, einem heißen Frühsommertag, erntete mein Opa die ersten Erdbeeren. Auf dem Weg nach Hause, wo meine Oma schon mit dem Mittagessen auf ihn wartete, musste er eine Pause machen, weil er eine Beklemmung in der Brust spürte. Auf der Parkbank am Ausgang der Kleingärten setzte er sich hin und sank zusammen. Anwohner riefen einen Rettungswagen, der ihn ins Krankenhaus brachte. Meine Oma, die von ihrer Schwägerin Tante Olly benachrichtigt wurde, dufte meinen Opa in den ersten zwei Tagen nicht auf der Intensivstation besuchen. Am Samstag saßen wir im Wohnzimmer meiner Oma, meine Eltern, mein Bruder und ich zusammen mit ihrer Schwester Martha, Harald und Jutta, Onkel Guido, Tante Olly, Lenchen und Otto, den besten Freunden meiner Großeltern und der Nachbarin Frau Krüger. Alle machten sich Sorgen um den Gesundheitszustand meines Opas. Meine Eltern hofften, dass sie ihn mit meiner Oma im Krankenhaus besuchen können. Um zu erfahren, wie es ihm geht musste meine Oma zum Nachbarn gegenüber gehen, der als Einziger im Haus ein Telefon besaß. Wir saßen im Wohnzimmer und warteten. Dann hörten wir einen gellenden Schrei, der nicht enden wollte. Schreiend, schreiend, schreiend lief meine Oma das Treppenhaus hoch. Ihre Schwester und Frau Krüger liefen ihr hinterher und führten meine weinende Oma wieder nach unten, wo sie von allen in die Arme genommen wurde. Allen liefen die Tränen. Kurz darauf klingelten zwei Polizisten, die die offizielle Todesnachricht überbrachten. Mein Opa starb am 12. Juni 1972 um 15:45 Uhr ohne das Bewusstsein wieder erlangt zu haben an einem Herzinfarkt. Spät am Abend überließen wir meine Oma der Obhut ihrer Schwester und fuhren nach Hause. Mein Bruder und ich saßen auf der Rückbank des Autos und stellten in unserer Naivität blöde Fragen. Mein Vater explodierte. „Seid still, seid still", herrschte er uns an. Seine Mundwinkel zuckten, er schluckte und atmete tief. Dann wurde kein Wort mehr gesprochen.

An diesem einen Tag brach für mich die Welt zusammen. Trauer, Verzweiflung und Wut standen am Anfang. Der Verlust tat so weh, fühlte sich an, als hätte man mir einen Teil meines Körpers abgetrennt, ein Stück meiner Seele, meines Herzens herausgerissen. Mein Opa war einfach nicht mehr da – ich konnte es nicht verstehen und ich wollte es nicht akzeptieren. Die Beerdigung auf dem Kirchdorfer Friedhof lief wie ein surrealer Traum an mir vorbei. Ich war sehend dabei und stand doch daneben. Ich sah, dass alle trauerten, aber einen Monat später sah ich, dass alle dieselben Menschen geblieben waren, die sie vorher waren. Alles lief weiter als hätte es meinen Opa nie gegeben.

Der Tod meines Opas traf mich mit einer Wucht, die mich völlig aus der Bahn warf. Mein Gehirn arbeitete auf Hochtouren, stellte Fragen über Fragen, suchte vergeblich nach Antworten, zweifelte an allem, kreiste und drehte sich immer wieder und versank im Bodenlosen. Ich schlingerte, taumelte, fand keinen festen Grund. Das Lachen anderer Menschen, ihre naive Fröhlichkeit, das Geplapper über Belanglosigkeiten widerte mich an. Der Schmerz ließ sich nicht ausdrücken und verurteilte mich zum Schweigen. Ich verachtete das gesprochene Wort, die ganze unnütze Sprache, die von meiner Verzweiflung und Niedergeschlagenheit gesprengt wurde.

Der gewaltige Stoß, den ich durch den Tod meines

Opas erhielt als ich zehn Jahre alt war drehte mich um und veränderte mein ganzes Leben. Ich wurde ein anderer Mensch, ein Gezeichneter, ein Außenstehender, den niemand verstand. Alle späteren Entscheidungen meines Lebens und meine ganze Persönlichkeit wurden durch dieses Ereignis bestimmt und geprägt. Der Schrecken über die Sinnlosigkeit des Lebens verschwand nicht nach drei Monaten, nicht nach zwei Jahren. Er verschwand nie wieder. Er hinterließ eine innere Unruhe, die sich sogar körperlich auswirkte. Ich konnte nicht mehr still sitzen. Wenn ich saß fing mein Oberkörper an vor und zurück zu schaukeln, so wie man es von den jüdischen Gläubigen an der Klagemauer kennt.

Jeder verarbeitet den Tod anders. Die Realisten halten sich an die Konventionen, sie zeigen sich erschüttert, mitfühlend und gehen dann zur Tagesordnung über. Der Tod eines anderen geht sie nichts an, denn sie leben, eine Fülle von Geschäften und Aufgaben liegt vor ihnen. Der Tod eines anderen mag tragisch und beklagenswert sein, aber es hat keinen Zweck, sich gegen die Macht der biologischen Gesetzmäßigkeit aufzulehnen. Es ist halt so, wir müssen es hinnehmen, mit den Achseln zucken und weiter machen. Etwas tiefer erschüttert sind wir, wenn wir ungewöhnlich grausamen Sterbensfällen begegnen, wenn ein Mensch in einem Auto zwischen zwei Lastkraftwagen zerquetscht wird, wenn jemand einem bestialischen Mord zum Opfer fällt, lange und entsetzliche Qualen leidet, von Tieren zerrissen wird, verbrennt oder in einem Fahrstuhl abstürzt. In der Regel ist das Sterben ein Vorgang, den wir kaum mitbekommen, Uns wird schwarz vor Augen, wir verlieren das Bewusstsein – das war's. Die nüchterne Einstellung der Realisten besitzt daher ihre Berechtigung.

Bei labilen Menschen verstärkt das Erleben des Todes eines Angehörigen die ohnehin vorhandene Verunsicherung und Ängstlichkeit. Sie scheuen Risiken, sehen überall Gefahren und handeln immer vorsichtig. Die dunkle Macht des Todes weckt in ihnen das Bedürfnis nach Schutz und Halt, den sie bei einem starken Partner suchen, an den sie sich binden, manchmal sogar klammern. Sie gehen nicht hinaus in die Welt, sondern verkriechen sich lieber in eine Höhle. Höhenangst, Platzangst, Angst vor Gewittern, Hunden, Spinnen oder fremden Menschen scheinen instinktiv tief verankerte Mechanismen zu sein, die unser Leben retten. Selbst hinter der Prüfungsangst steckt Todesangst, denn wenn wir versagen, droht uns der Ausschluss aus der Gemeinschaft. Wir stehen ohne Anerkennung da, wertlos, allein. Der drohende Verlust des sozialen Schutzes lässt uns zittern.

Der stärkste Partner, den diese schutzbedürftigen und bedrohten Kreaturen finden können ist ein allmächtiger Gott, auf dieser Welt vertreten durch Priester, Schamanen, Gurus und Imame. Alle Mythen, Religionen und Heilslehren, mit denen die Menschen seit Jahrtausenden ihre Angst betäuben, entstanden durch das Bewusstsein der Sterblichkeit.

Für einige Menschen gibt es dieses billige Beruhigungsmittel nicht. Sie fragen weiter. Allzu offensichtlich sind die Götter und die religiösen Erzählungen Erfindungen von unwissenden Naturvölkern, bestens benutzt von klugen Köpfen, um die Menschen wie

Schafe zu lenken, zu melken und Macht auszuüben. Für die Existentialisten sind Ignoranz oder Flucht keine angemessenen Reaktionen auf die schockierende, harte Erkenntnis der Sterblichkeit aller Lebewesen. Das Wertvollste, was es für uns gibt, unser Leben, wird durch den Tod beendet, ausgelöscht. Im Tod von Angehörigen kommt uns zu Bewusstsein, das wir genau so sterben werden wie sie. Das führt zu zwei Konsequenzen, die sich diametral gegenüber stehen: Unser leben ist sinnlos, völlig unbedeutend im Fluss der kosmischen Zeit, wertlos. Daher kann uns alles völlig gleichgültig sein. Es ist völlig unwichtig, was wir aus unserem Leben machen. Unser Leben wie überhaupt alles kommt aus dem Nichts, bedeutet nichts und endet im Nichts. Das ist die radikale Einsicht und Position des Nihilismus.

Eine andere Reaktion ergibt sich, wenn die ständige, im Unterbewusstsein verankerte Bedrängnis die Oberhand gewinnt, dass uns nur eine kurze Zeitspanne zur Verfügung steht, die einmalig ist. Jeder Tag, den wir vergammeln ist verloren. Es stellt sich eine einzige Frage für mich, für dich, für alle Menschen: Was fangen wir mit unserem Leben an?

Wir sehen wie die Menschen um uns herum zur Arbeit gehen, eine Familie gründen, ein Haus bauen, sich in Freizeitparks vergnügen, in den Urlaub fliegen oder jedes Wochenende auf dem Campingplatz verbringen. Sie sehen fern, feiern Geburtstage und Familienfeste, freuen sich an einem neuen Auto. Sie sammeln Porzellanfiguren, sparen Geld, renovieren die Wohnung – und schon ist ihr Leben vorbei. Ist das der Sinn unseres Lebens? Ist das alles, was wir erwarten und erreichen können? Gibt es nicht tausend andere Möglichkeiten, die sinnvoller und ergiebiger sind?

Wenn uns der normale, durchschnittliche Lebensweg glücklich und zufrieden macht, scheint das zunächst in Ordnung zu sein. Das, was alle machen, kann ja nicht so falsch sein. Wenn da nicht einige gravierende Nebenwirkungen dieser Lebensweise die Existenz der Menschheit und die gesamte vielfältige, artenreiche und faszinierende Tier- und Pflanzenwelt gefährden würde. Wenn alle 7 Milliarden Menschen auf der Erde so leben wie die Menschen in den westlichen Industrie- und Konsumländern brauchen wir nicht lange bis der letzte Baum im Regendwald abgeholzt sein wird, bis die Meere vergiftet, die Luft verpestet und der Boden verseucht sein wird. Der gierige, unersättliche Mensch wird bedenkenlos den letzten Elefanten töten. Gibt es da nicht höhere Aufgaben, die unserem Leben einen Sinn und eine Richtung geben? Sollte man sein Leben nicht der Verbesserung der Welt widmen oder wäre unser Engagement vergeblich und bedeutungslos im Fluss der Zeit?

Wie kaum ein Mensch zuvor durchlitt Martin Luther all diese Fragen und Gedanken, die sich aus der existentiellen Grunderfahrung der Sterblichkeit aufdrängen. Dem Tod gegenüber stehen wir alleine da in grenzenloser Einsamkeit und Hilflosigkeit. „Wir sind alle zu dem Tode gefordert und wird keiner für den anderen sterben, sondern ein jeglicher in eigener Person muss geharnischt und gerüstet sein, für sich selbst mit dem Teufel und Tod zu kämpfen." ... „Es muss ein jeglicher all da auf seiner Schanze stehen und sich mit den Feinden, mit dem Teufel und Tod selbst einlegen und allein mit ihm im Kampfe liegen: Ich werde dann nicht bei dir sein noch du bei mir." Die Verantwortung für unser Leben kann uns keiner abnehmen. Spätestens in unserer letzten Stunde müssen wir uns für alles, was wir getan, unterlassen und gesagt haben rechfertigen, vor uns selbst und vor Gott, der für Luther die höchste moralische Instanz darstellt, an der wir uns messen müssen. Um den höchsten Ansprüchen gerecht zu werden müssen wir uns ständig prüfen und unser Gewissen fragen, ob wir alles richtig machen. Luther selbst geriet durch diese Verpflichtung in einen elenden Zustand der Selbstzerfleischung und Verzweiflung, denn der dauernde Prozess der radikalen Selbsterkenntnis zeigt uns unsere Verfehlungen und „Sünden", die für Luther hauptsächlich in Egoismus und Selbstsorge bestehen. Ein Sünder ist ein „krummer Geist, der in allen Dingen sich in sich selbst biegt und nur das Seine sucht."[1] Von der Verantwortung kann man sich nicht freikaufen. Mit dieser Erkenntnis musste Luther notwendigerweise gegen den Ablasshandel der katholischen Kirche protestieren, formuliert in den 95 Thesen, durch die die Reformation in Gang gesetzt wurde.

Konsequent weiter gedacht lässt die Einsicht in unsere Sterblichkeit auch die gegenteilige Schlussfolgerung zu: Wenn wir nur dieses einmalige, kurze Leben besitzen müssen wir grenzenlos egoistisch sein und in erster Linie an uns selbst denken. Carpe diem – nutze den Tag. Da wir sowieso sterben uns alles sinnlos ist, brauchen wir uns vor nichts und niemanden rechtfertigen. Wir sind frei, wir können tun und lassen, was

---

[1] Johann Hinrich Claussen: „Die Idee vom fröhlichen Tod" in: Der Spiegel 47/2016, S. 141 - 144

wir wollen. Genießen wir den Tag, machen wir das, was uns Spaß macht. Hauptsache, wir fühlen uns wohl und sind glücklich. Wir haben keine Verpflichtungen.

Es gibt Menschen, die Lust und Befriedigung dabei empfinden, andere Menschen zu quälen, zu erniedrigen, zu vergewaltigen oder zu töten, und sie tun dieses ohne jegliches Schuldgefühl. Jedes Leben – auch das eigne – ist für sie wertlos. Wer den Tod nicht fürchtet, ist immun gegen jede Art von Strafen oder moralische Verurteilung. Doch diese Menschen sind nicht wirklich frei, sie handeln aus einem inneren Zwang heraus, der ihr Leben bestimmt. In den Zeiten, in denen der Zwang nicht befriedigt werden kann, leiden sie. Daher sind sie weit davon entfernt, das Leben zu genießen. Das gilt nicht nur für Psychopaten, die sich an Gewalt und ihrer Macht berauschen, sondern auch für eine ganze Reihe weiterer exzessiver Befriedigungen, vom Alkoholgenuss, von der Völlerei bis zur Sexsucht.

Das höchste und unbedingte Ziel des an einem freundvollen Leben ausgerichteten Egoismus ist die Selbstbeherrschung, die Kontrolle über uns selbst, durch die wir erst zu der Freiheit kommen, die es uns ermöglicht, unser Leben frei von Zwängen zu gestalten und das zu tun, was wir wirklich wollen und für richtig halten.

Was uns davon abhält, andere Menschen zu misshandeln oder zu ermorden, ist die Tatsache, dass es einfach nicht notwendig ist. Die Erfahrung, die sich uns seit Kindesbeinen an eingeprägt hat, lehrt uns, dass wir auf andere Menschen angewiesen sind und dass es einfacher und nützlicher ist, die Gesetze zu achten und die Erwartungen der Gemeinschaft zu erfüllen. Strafen, Ausschluss aus der Gemeinschaft und Freiheitsentzug machen unser Leben nicht angenehmer.

Angesichts der Sinnlosigkeit von allem und der Einmaligkeit unseres endlichen Daseins bleibt als letzter Bezugspunkt nur unser eigenes Ich. Der erste, der das Individuum in den Mittelpunkt seiner Philosophie stellte war der Grieche Epikur, der 341 vor Christus geboren wurde. Er nahm an, dass jede Person danach strebt, ein dauerhaft glückliches Leben zu führen. Dafür seien „die Gesundheit des Leibes und" die „Wahrung der Seelenruhe" notwendig[2], die in erster Linie durch Mäßigung, die Zügelung der Leidenschaften, Vernunft und ein zurückgezogenes Leben erreicht werden könnten. Es dürfte den Menschen der heutigen Zeit, die in der modernen Massengesellschaft untergehen und orientierungslos umher schwimmen, schwer fallen, diesen Empfehlungen zu folgen, scheinen sie doch darauf hinauszulaufen, sich von vornherein aufzugeben. Heute brauchen fast alle den besonderen Kick, den Nervenkitzel, extreme Herausforderungen – vom Bungeejumping bis zum U-Bahn-Surfen-, schmerzhafte Praktiken und rauschhafte Exzesse, um sich lebendig zu fühlen, um etwas Besonderes zu sein und um sich von der Masse abzuheben.

Neben der Vernunft gibt es noch einen zweiten Faktor, der uns davon abhält, in den Abgrund des Nihilismus zu stürzen und der uns davor bewahrt, uns oder andere zu foltern oder zu töten. Zuneigung, Mitgefühl und Liebe sind die Empfindungen, die uns Stabilität und

---

[2] Epikur: Brief an Menoikus, S. 43 in Epikur: Philosophie der Freude, Kröner Verlag, Stuttgart 1973

Kraft geben. Die listenreiche Mutter Natur scheint diesen Mechanismus erfunden zu haben, damit wir die Welt rosiger sehen. Wer sein Schicksal mit einer anderen Person teilt, fühlt sich nicht mehr einsam. Oft übernehmen Hund, Katze, Pferd oder ein Kuscheltier diese Funktion. Geteiltes Leid ist halbes Leid.

Der Tod der Großeltern, der Mutter, des Vaters, von Geschwistern, Lebenspartnern oder der eigenen Kinder ist der bitterste Moment in unserem Leben. Der Abschied von geliebten Personen reißt uns die Seele aus dem Leib. Selten sind wir darauf vorbereitet. Diese Situationen werden kommen. Nichts können wir daran ändern. Sie werden uns verlassen. Sie werden von einem auf den anderen Tag nicht mehr da sein. Ihr Platz, an dem sie saßen, ist plötzlich und für immer leer.

Der Verlust eines geliebten Menschen durch Trennung, Verrat oder Tod führt zu sehr unterschiedlichen Reaktionen. Bei Liebes- und Ehepaaren versucht der Verlassene den Partner mit allen Mitteln zurück zu gewinnen, durch Stalking und aufdringliche Kontaktaufnahmen oder durch die Beseitigung von Personen, denen die Schuld an der Trennung gegeben wird. Wenn die Versuche nicht erfolgreich waren, schlägt Liebe nicht selten in Hass um. Andere Menschen reagieren auf den Verlust mit Apathie und Depressionen.

Beim Tod eines geliebten Menschen werden wir von überwältigender Trauer erfüllt, die unterschiedlich lange anhält und normalerweise später in bestimmte Erinnerungsrituale übergeht, denn „wenn man einander nicht sehen, nicht miteinander verkehren und nicht beisammen sein kann, verflüchtigt sich die Empfindung der Liebe bald."[3]

Die Liebe zu einem anderen Menschen wird durch den Tod zu wirklichem, unerträglichem Schmerz. Im Rückblick auf mein eigenes Leben wird mir bewusst, dass der Verlust meines Opas zwei gravierende Folgen hatte. Um mich davor zu bewahren, einen derartigen Schmerz ein weiteres Mal erleben zu müssen, mied ich jede Nähe und alle festen Bindungen. Wer niemanden liebt kann niemanden verlieren. Ich blieb absichtlich allein, keine Frau, keine Kinder. Auf der anderen Seite löste die Erfahrung des unerwarteten, abrupten Todes, der ein Leben von einer auf die andere Sekunde endgültig beendet einen Impuls aus, der mich in eine andere Richtung lenkte und bis heute ungewöhnlich stark antreibt. Ich wollte keine Sekunde meines Lebens verlieren – das zwang mich, ständig über mich, mein Handeln und meine Ziele Rechenschaft abzulegen. Dazu diente hauptsächlich ein Tagebuch, das ich schon mit zwölf Jahren begann. Alles, was ich wollte unternahm ich mit maximaler Energie und absoluter Radikalität. Ich übte Trompete wie ein Besessener, ich verschlang Bücher über Bücher, ich suchte mit einer unendlichen Lebensgier nach allen denkbaren Erlebnissen, und ich stellte alles in Frage, um sichere Antworten zu finden. Ich stürzte mich in das gefährlichste aller Abenteuer, das ewig zweifelnde philosophische Denken, das dem ganzen Dasein auf den Grund geht.

Nichts half wirklich. Wir sterben dreimal: zunächst unmittelbar als Person, dann in der Erinnerung der

---

[3] Epikur: Philosophie der Freude, Kröner Verlag, Stuttgart 1973, S. 68

anderen und schließlich endgültig mit dem Untergang der Welt. Diese Einsicht in die Bedeutungslosigkeit unseres Lebens verleiht uns Gelassenheit gegenüber dem Tod, den wir nicht zu fürchten brauchen, wenn wir uns selbst nicht so wichtig nehmen. Auch das Sterben selbst muss uns nicht ängstigen, denn den Übergang vom Leben in den Tod bekommen wir nicht mit. Uns wird schwarz vor Augen, wir verlieren das Bewusstsein und damit jede Empfindung und jede Wahrnehmung. Wir wissen nicht, dass wir tot sind.

Kein Mensch ist unsterblich und allumfassend, daher sind wir alle beschränkt und mit Fehlern behaftet. Wir sind keine Götter, weder allmächtig, noch allwissend, noch perfekt. Diese Eigenschaften teilen wir mit allen Menschen, genauso wie die Einmaligkeit jeder Person und die Gewissheit des Todes. Die Einsicht in diese Grundbedingungen des menschlichen Daseins bildet die Grundlage des Humanismus, für den jedes einzelne Leben wertvoll und schützenswert ist. Daraus folgt die universelle Geltung der Menschenrechte.

Alle Menschen sind gleich, jeder hat das Recht auf körperliche Unversehrtheit, das Recht auf Nahrung, Wohnraum und Bildung.

Die Würde des Menschen ist unantastbar. Aus der obersten Maxime, das menschliche Leben zu erhalten und zu schützen, ergibt sich die Verpflichtung zur Erhaltung der gesamten Schöpfung in ihrer Vielfalt als Grundlage allen Lebens. Den Wert erhalten das Lebens und die gesamten Schöpfung nur durch uns. Der kosmischen Physik ist das alles völlig gleichgültig. Daher werden wir ewig mit der Ambivalenz kämpfen, dass das Wertvollste zugleich das Wertloseste ist und wir werden – jeder für sich – entscheiden müssen, was wir mit unserem einmaligen Leben anfangen.

16. Brief:
Nichts als Physik oder Das letzte Geheimnis

Liebe Charline,
jedes Jahr im Sommer fuhren meine Großeltern mit
dem Zug nach Aschau, einem kleinen Dorf in den
Berchtesgadener Alpen. Sie wohnten bei der Familie
Wörndl, die ein riesiges, am Berghang gelegenes Bau-
ernhaus besaß, das sich mit seinem Fachwerk, den
breiten Holzbalkonen, den mit roten Geranien be-
pflanzten Blumenkästen und dem rechteckigen Stein-
brunnen vor dem Eingang wunderbar in die Landschaft einfügte. Drumherum lagen die satten, grünen
Wiesen, auf denen Kühe grasten, und die Berge. Mit
fünf Jahren durfte ich zum ersten Mal mitreisen. Der
Eindruck, den dieser Aufenthalt in den Bergen bei mir
hinterlassen hat war überwältigend. Es lässt sich kaum
beschreiben, wie intensiv die reine Bergluft, diese gi-
gantischen Berge, die klaren Gebirgsbäche, die Wälder und die sommerlichen Wiesen auf mich als Groß-
standkind gewirkt haben müssen.

Die Wanderung auf die Kampenwand führte durch
urweltliche Schluchten mit knarrenden Holzbrücken,
unter denen das Gebirgswasser durchschoss. Oben auf
der Alm öffnete sich ein weiter Blick über die flache
Landschaft um den Chiemsee. Zur anderen Seite
türmten sich die schneebedeckten Giganten der öster-
reichischen Alpen. Die weißbraunen Kühe lagen trä-
ge in der Sonne und ließen es über sich ergehen, dass
sich ein kleiner Junge auf ihren Rücken legte. Überall
Stille und Frieden. Eine besonders große Anziehungskraft besaß für mich die Prien, der rauschende und
gurgelnde, mal wild, mal sanft dahinströmende Bach,

der durch Aschau floss. Während meine Großeltern auf einer Bank am Wanderweg ausruhten, spielte ich stundenlang am Ufer, bis zu den Knien im kühlen, kristallklaren Wasser stehend, mit den rund gewaschenen, weißen Kieselsteinen.

Diese Erlebnisse in der Kindheit legten das Fundament für eine enge Verbundenheit mit der Natur, die mich in all ihren Formen und Farben immer wieder faszinierte. Sehr intensiv tauchen weitere Erinnerungen an andere beeindruckende Naturerlebnisse auf. Da war die Nacht am Millstädter See. Auf dem Weg nach Italien legten meine Eltern im Sommer 1970 einen Zwischenstopp in Österreich ein. Auf dem Campingplatz am Millstädter See baute mein Vater zwei Zelte auf, eines für meine Eltern und eines für meinen Bruder und mich. Den warmen Sommerabend nutzten wir für eine kleine Wanderung entlang eines kleinen Bachlaufs, der uns auf eine Anhöhe führte, von der wir auf den von den Bergmassiven eingeschlossenen See hinabblicken konnten. In dem Rinnsal des Baches hatten Kinder ein kleines Wasserrad aus Holz gesetzt, das einen Dynamo antrieb, an dem eine schwach leuchtende Glühbirne angeschlossen war. Am Horizont zogen dunkle Wolken auf. So beendeten wir unseren Ausflug, gingen schnell zurück und legte uns müde von dem langen Tag in unsere Schlafsäcke. Kurz darauf setzte über unserem Zelt ein unheimliches Rauschen der Baumwipfel ein, die von plötzlich hereinbrechenden Sturmböen hin- und hergeworfen wurden. Blätter und Staub wirbelten draußen um unser Zelt herum. Dann zuckten die ersten Blitze durch die tiefschwarze Nacht. Ein Knall, direkt über uns, gewaltig und unvorstellbar krachend durchfuhr unsere Körper. Und nun begann das Inferno, ein Blitzschlag folgte dem nächsten, es stürmte und aus den ersten dicken Regentropfen wurden Sturzfluten, die vom Himmel fielen. Unsere Eltern zogen uns aus unserem Zelt. Sie liefen mit uns zum Auto, dem von meinem Vater so heiß geliebten Renault 16, der auf einem erhöht und frei gelegenen Waschplatz stand. Das war unsere Rettung, denn von den Berghängen schossen plötzlich mit einem ohrenbetäubenden Getöse Geröll- und Schlammlawinen herab, die Bäume, Zelte und Wohnwagen umwarfen, mit sich rissen und unter sich begruben. Wir harrten die Nacht im Auto aus bis wir bei Tagesanbruch das ganze Ausmaß der Zerstörungen überblicken konnten. Der Campingplatz war ein einziges, von Schlamm überzogenes Trümmerfeld.

Diese beiden so gegensätzlichen Naturerlebnisse – das friedliche Idyll als Sinnbild von Schönheit, Harmonie und Frieden und der tosende Sturm als Sinnbild von Streit, Gewalt und Zerstörung hinterließen bei mir ein intensives und bis heute prägendes Gefühl engster Verbundenheit mit der Natur. Das Meer und die Sonne, Berge, Wälder, Bäche, Gärten und Parks, die Formen, Farben und Düfte von Rosen und Azaleen, Schnee, Regen, Wind und dieser schwarze, unendliche, nächtliche Sternenhimmel über Demen – an jedem Tag in der Natur erlebte ich dieses erhebende Gefühl der Einheit mit der gesamten Schöpfung, ein Erleben, für das es keine Worte gab und dem man sich einfach hingeben musste, um dafür mit einem Zustand des Glücks und der Zufriedenheit belohnt zu werden.

Aber der menschliche Geist ruht nicht. Man könnte die Welt so hinnehmen wie sie ist – das tun die meisten

Menschen in weiser Einsicht der Größe der Aufgabe, ihrer eigenen Kleinheit und der Vermutung, dass alle Bemühungen vergeblich sein würden. Mir erschien dieses Wunder der Schöpfung als Rätsel, das vor allem zwei Fragen aufwarf: Wie ist die Welt entstanden und wie kommt es zu dieser unendlichen Vielfalt der Erscheinungen? In dieser Klarheit habe ich diese Fragen als Kind sicherlich nicht formuliert, doch die Neugier war geweckt. Es ist doch erstaunlich, dass ein Wasserrad, das sich dreht, eine Lampe zum Leuchten bringt und dass die Lampe heller leuchtet, wenn das Wasser schneller fließt. Die genaue Beobachtung führt zur Suche nach Erklärungen. Ich wollte den Dingen auf den Grund gehen. Mein Forschergeist richtete sich zunächst auf die Beschäftigung mit den Experimenten aus dem damals sehr beliebten Chemie- und Elektronikbaukästen. Da konnte ich Kristalle im Wasserglas wachsen lassen oder Geheimtinte herstellen.

Diese schier grenzenlose Vielfalt aller Erscheinungen und die Existenz aller Dinge erklärten sich die Menschen von der Steinzeit bis ins 21. Jahrhundert durch einen von einem Gott oder von mehreren Göttern ausgeführten, bewussten Schöpfungsakt. Diese Annahme bot den Menschen eine Erzählung, die es unnötig macht, nach weiteren Erklärungen zu suchen. Ein weiterer Vorteil des Glaubens an einen Gott oder mehrere Götter besteht darin, einen Schuldigen zu besitzen, den man nicht nur für alles Gute in der Welt, sondern auch für alles Schlechte verantwortlich machen kann, für Krankheit, Tod und Verbrechen, für das persönliche Schicksal genauso wie für Katastrophen, Dürren, Überschwemmungen und Vulkanausbrüche. Man kann sich an einen Gott oder die Götter mit flehenden

Bitten, inbrünstigen Gebeten, beschwörenden Tänzen und großen Opfergaben wenden, damit sie den Lauf der Dinge ändern. Wird das Unglück abgewendet, findet man sich darin bestätigt, dass der Glaube Berge versetzen kann. Blieben alle Gebete und Opfer erfolglos, war es der Wille Gottes, der die Menschen für ein Vergehen bestrafen wollte. Irgendeine Sünde hat jeder Mensch in seinem Leben begangen.

Das Konzept eines Gottes oder von Göttern als Ursache von Allem führt zu einigen schwerwiegenden Problemen und Widersprüchen, mit denen sich Theologen und Priester seit Menschengedenken herumschlagen müssen. Bei den Griechen wohnten die Götter auf dem Olymp. Doch wo befindet sich der eine Gott der Juden, der Christen und der Muslime? Wenn er in dieser Welt ist, müsste er selbst ein Teil seiner eigenen Schöpfung sein. Stand er bei der Schöpfung außerhalb und hat er die Welt allumfassend von Anfang bis Ende geschaffen, kann er nichts mehr ändern, denn er hätte alle Wünsche der Menschen gekannt und alle Fehler in allwissender Vorsehung von vornherein vermieden. Lebt Gott in einem zweiten Universum? Lebt er überhaupt oder hat er sich beim Schöpfungsakt aufgelöst und in alles Existierende verkörperlicht? Eine Frage bleibt am Ende immer: Wer hat Gott geschaffen?

Die von den Religionen angebotenen Lösungen überzeugten mich nicht. Ohnehin bestand in unserer Familie eher eine säkulare, rationalistische und an Geld, Arbeit und Fortschritt orientierte Haltung, die unsere Erziehung glücklicherweise nicht mit kirchlichen Dogmen und Ritualen belastete. Mein Vater übte mit seiner kritischen Einstellung gegenüber Autoritäten, zu der ihn die üblen Erfahrungen mit der NS-Diktatur und der DDR gebracht hatten, einen wesentlichen Einfluss auf meinen Bruder und mich aus. Als Techniker im Maschinenbau prägte er uns durch sein Wissen, einen eigenständigen, klaren, analysierenden Verstand, der immer nach Wegen und Lösungen suchte und durch leidenschaftlich vorgetragene Argumente für seine Ansichten in endlosen Diskussionen. Der frühe Tod meines Opas ließ mich darüber hinaus an allen bisherigen Gewissheiten zweifeln. Ohne dass mir damals der tiefe Zusammenhang bewusst war, galt meine Leidenschaft fortan zu einem Teil der Musik und zum anderen Teil der Wissenschaft. Dieser begegnete ich nun leider zunächst in Form eines einzig auf Fakten und Formeln ausgerichteten Schulunterrichts, der die ganze Welt in abgeteilte Bereiche zerlegte, in Chemie, Physik, Biologie und Mathematik. Geschichte, Politik, Wirtschaft, Sprachen, Philosophie, Dichtung und Musik gehörten dagegen zu den „weichen" Fächern, die einer ernsthaften, wissenschaftlichen Betrachtung nicht würdig gefunden und als „Geisteswissenschaften" aus den Naturwissenschaften ausgegrenzt wurden.

Am Ende der Schulzeit war mein Kopf voll gestopft mit einer Ansammlung von schemenhaften Kenntnissen, mit denen ich nichts anzufangen wusste. In diesem Kabinett des Schulwissens befanden sich Darwins Abstammungslehre, das Periodensystem der Elemente, die Mendelschen Gesetze der Genetik, Newtows Bewegungsgesetze, das Bohrsche Atommodell, zahlreiche mathematische Verfahren und eine gewaltige Menge an Informationen über Politik, Gesellschaft und die historischen Ereignisse der letzten 2000 Jahre. Aus eigener Erfahrung weißt du, wie erschöpft und erschlagen sich die meisten Abiturienten nach dreizehn Schuljahren fühlen, in denen nach und nach jede Neugier und jeder Forscherdrang erstickt wurden. Von denjenigen abgesehen, die schon immer wussten, dass sie Ärzte, Juristen oder Manager werden wollten, stürzt sich kein Abiturient sofort mit Begeisterung in die Verlängerung der Schulzeit durch die Aufnahme eines Studiums. Der Wunsch, mich praktisch zu betätigen und etwas Sinnvolles zu tun, bewog mich dazu, nach dem Abitur in der Baum- und Rosenschule Kähler eine Gärtnerlehre anzufangen. Das waren anstrengende, wertvolle und mit Abstand die glücklichsten Jahre meines Lebens.

Ich wollte trotzdem nicht den Rest meines Lebens für einen Hungerlohn bei Wind und Wetter im Matsch wühlen. Die misslungene Aufnahmeprüfung an der Musikhochschule und die Unmöglichkeit einen der wenigen, durch den Numerus clausus von 1,0 beschränkten Studienplätze für Gartenbauarchitektur zu erhalten ließen mir nur wenige Möglichkeiten. Ein Studium generale, das ich sinnvoll fand, war nur etwas für reiche Leute, die sich keine Gedanken darüber machen mussten, wovon sie später leben und eine Familie ernähren sollten. Einen Abschluss als Universalgelehrter gab es ebenso wenig wie eine mögliche Anstellung.

Ich entschied mich für ein Lehramtsstudium mit den Fächern Geschichte und Philosophie, die mich interessierten, weil bei beiden die Frage nach dem Warum im Vordergrund stand. Die Historiker untersuchten, warum etwas geschah, und die Philosophen beschäftigten sich mit den Fragen, warum etwas ist (Ontologie), warum etwas sein sollte (Ethik) und wie wir zu einem gesicherten Wissen kommen können (Erkenntnistheorie).

Enttäuscht stellte ich schnell fest, dass es in beiden Disziplinen nie um das große Ganze, sondern immer nur um eine mühsame, genaue und kleinteilige Rekonstruktion historischer Ereignisse und der Gedanken einzelner Philosophen ging. Besonders die Professoren für Geschichte lehnten eine Erforschung von allgemeinen Gesetzen, die den Ereignissen und Prozessen zugrunde liegen, ab, weil es sich bei historischen Vorgängen um ein einmaliges Geschehen handeln würde, das aus den besonderen Umständen und den Absichten der handelnden Menschen hervorgehen würde. Der freie Wille sei unberechenbar und unterliege keinen Gesetzen. Da die Menschen aus spezifischen Gründen handeln, sei es die Aufgabe des Historikers, diese Motive zu verstehen, um sie anschließend dem Publikum anschaulich erzählend zu vermitteln oder um eine einzelne Frage unter Kollegen in Form einer Abhandlung zu untersuchen, in dem man z.B. für die Frage, ob Hitler schon vor dem Hitler-Stalin-Pakt die Absicht hatte, die Sowjetunion zu erobern, nach Belegen sucht, die diese Vermutung stützen oder widerlegen. Außerdem ließen sich Experimente, mit denen die Naturwissenschaften ihre Theorien überprüfen, in der Geschichte nicht durchführen, weil die Vergangenheit nicht mehr veränderbar ist.

Die damals aufkommende Richtung der „Oral history", die den Sichtweisen und dem Erleben der einfachen Leute große Aufmerksamkeit widmete, stand gegen die bisher vorherrschende Sichtweise, nach der die Geschichte in erster Linie von großen Persönlichkeiten gemacht werde. Meine Idee, in der schriftlichen Examensarbeit die Anwendung von naturwissenschaftlichen Methoden bei der Erforschung der Geschichte zu versuchen, traf auf Ablehnung und Skepsis bei den Vertretern beider Richtungen. Immerhin wurde das Thema der Arbeit genehmigt. „Der sächsisch-thüringische Bauerkrieg von 1525 im Vergleich mit dem sächsischen Bauernaufstand von 1790" entwickelte sich zu einer sehr aufwendigen Sichtung alle zugänglichen Akten und Dokumente, die anhand einheitlicher Vergleichskriterien in Daten und Zahlen übersetzt werden mussten. Diese Arbeit schrieb ich in den aufwühlenden Herbstmonaten, in denen die Bevölkerung der DDR mit ihren Montagsdemonstrationen einen Aufstand probte, die zu einer unüberhörbaren Protestbewegung anwuchsen und mit dem Fall der Mauer als friedliche Revolution von 1989 in die Geschichte eingingen. Die Ergebnisse meiner Arbeit ermutigten mich, den Weg weiter zu gehen. Mir war bewusst, dass es um mehr ging als um die Anwendung naturwissenschaftlicher Methoden in der Geschichtsforschung. Ich hielt alles Sein und alles Werden in diesem Kosmos für ein physikalisches Geschehen, das Gesetzen unterworfen ist, von denen ich noch nichts Genaues sagen konnte.

Meinen Plan, die theoretischen Grundlagen für die Einheit aller Erscheinungen zu schaffen konnte ich erst nach dem zweijährigen Referendariat am Gymnasium Lohbrügge und am Luisen-Gymnasium beginnen. Ich ahnte nicht, dass mich die Arbeit an der „Physikalischen Geschichtstheorie" über zehn Jahre beschäftigen würde. Um meinen Lebensunterhalt zu verdienen, arbeitete ich auf einer Vollzeitstelle, so blieben mir nur die frühen Morgenstunden für die selbst gestellte Aufgabe, die viel Lektüre und sehr genaue Überlegungen erforderte. An manchen Tagen schrieb ich nur zwei oder drei Sätze, manchmal stockte die Arbeit einige Wochen. Dann fiel es besonders schwer, wieder einzusteigen, und ich musste mich zwingen, mich morgens an meinen Schreibtisch zu setzen.

So viel Mühe und Anstrengung – und was ist das Ergebnis? Das Buch wurde von den Historikern und den Philosophen komplett ignoriert, es wurde in keiner Fachzeitschrift besprochen und es wurde im Buchhandel nur viermal verkauft. Es ging unter wie die Titanic und schlummert bis heute in den Tiefen des Bücherozeans.

Warum soll man sich mit solchen, anscheinend nutzlosen und aussichtslosen Fragen nach dem Ursprung der Welt und den grundlegenden Gesetzen des Seins und des Werdens beschäftigen? In seiner Einleitung zu Stephen Hawkings Buch: „Eine kurze Geschichte der Zeit" schrieb Carl Sagan: „Wir bewältigen unseren Alltag fast ohne das geringste Verständnis der Welt. Wir denken kaum darüber nach, welcher Mechanismus das Sonnenlicht erzeugt, dem wir das Leben verdanken, was es mit der Schwerkraft auf sich hat, die uns an der Erde festhält und ohne die wir in den Weltraum davonwirbeln würden, oder mit den Atomen, aus denen wir bestehen und von deren Stabilität unsere Existenz entscheidend abhängt." Unbewiesene Theorien brauchen wir überhaupt nicht für die Beschaffung einer Unterkunft, von Nahrung, Kleidung, Arbeit und Fortbewegungsmitteln, Wir brauchen sie nicht für unsere sozialen Kontakte, für unsere Freizeitbeschäftigungen, für die Erziehung der Kinder oder für die Lösung von Auseinandersetzungen jeglicher Art. Das Leben stellt uns täglich vor praktische Aufgaben und Herausforderungen, um die wir uns möglichst effektiv und erfolgreich handelnd kümmern müssen. Kleine Kinder entdecken in einem bestimmten Alter, dass sie immer weiterfragen können. Jede Antwort, jede Information enthält im Kern immer die Aufforderung zu einer Begründung oder einem zusätzlichen Beweis. Wenn eine Behauptung wahr sein soll, muss sie durch andere Tatsachen gestützt werden. Eltern wissen spätestens nach der vierten Warum-Frage keine Antwort mehr und brechen die Unterhaltung ab. Die Kinder lernen, die Welt so zu akzeptieren wie sie ist. Aber hinter dieser Grenze bleibt etwas verborgen, das letzte, große Geheimnis, das die Neugier anstachelt und ein großes Abenteuer verspricht.

Auf diese Reise möchte ich dich mitnehmen. Sehen wir einmal, wie weit wir kommen. Am Anfang jedes Unternehmens steht eine sorgfältige Vorbereitung und Planung, bei der wir alles zusammentragen, was man über das fremde Land weiß. Danach müssen wir überlegen auf welchem Weg wir an unser Ziel kommen können und welche Schwierigkeiten und Gefahren auftauchen könnten. Am Ende müssen wir uns noch die notwendige Ausrüstung besorgen.

Die Umgebung, in der wir leben besteht aus handfesten und beständigen Dingen – Häusern, Stühlen, Tischen, Autos, Steinen, Bäumen, Menschen. Sie besteht aus Materie, von der wir den Ort und die Dauer ihrer Existenz genau angeben können. Die Veränderungen von Dingen vollziehen sich als feststellbare

Ereignisse in Raum und Zeit. Materie kann abhängig von ihrer Temperatur im festen, flüssigen oder gasförmigen Zustand vorliegen. In unserer überschaubaren Welt, dem Mesokosmos, können wir alles anhand von einigen Gesetzen, die im Wesentlichen etwas über die Beziehung von Energie, Masse, Kräften, Raum und Zeit aussagen, mit erstaunlicher Genauigkeit berechnen. Es gib eine eindeutige Folge von Ursachen und Wirkungen auf einer nicht umkehrbaren Zeitachse.

Unser Ziel ist es, herauszufinden, wie diese Welt entstanden ist. Mit dieser Frage beschäftigen sich heute die Wissenschaftler auf zwei Gebieten: die Kosmologen untersuchen die Phänomene und die Geschichte des Universums, während die Atomphysiker die Antworten im Mikrokosmos bei den kleinsten Teilchen und den elementarsten Kräften suchen. Den Anfang der Physik als Wissenschaft setzten mehrere griechische Denker vor über 2500 Jahren mit der Beobachtung der Natur und revolutionären Erkenntnissen und Theorien. „Panta rhei" – „alles fließt" behauptete Heraklit. Doch wenn sich alles immerzu wandelt, muss es etwas gegeben, woraus sich alles zusammensetzt. Die Antwort gab Demokrit: Die Welt ist aufgebaut aus kleinsten, unteilbaren Teilchen, den Atomen.

Anfang des 20. Jahrhunderts stellte sich heraus, dass das Wasserstoffatom, das man für das kleinste Teilchen hielt, aus einem Kern und einem Elektron besteht, das auf einer Bahn um den Kern kreist. Dann entdeckten die Wissenschaftler, dass der Kern aus einem Proton und Neutronen besteht, die jeweils aus drei noch kleineren Bausteinen, den so genannten Quarks zusammengesetzt sind. Gefunden wurden außerdem neben dem Elektron noch fünf weitere Leptonen. Mittlerweile ist die Forschung bei 25 Teilchen angekommen, von denen einige nur bei sehr hohen Energiezuständen existieren. Zwischen den zwölf Materieteilchen wirken drei verschiedene Kräfte, die elektromagnetische, die schwache und die starke Wechselwirkung, die durch zwölf so genannte Austauschteilchen (Photonen, Bosonen und Gluonen) vermittelt werden. Alle diese 24 Teilchen besitzen aber fast überhaupt keine Masse. Wenn die Welt nur aus ihnen bestünde, gäbe es keine Sterne, keine Planeten, keine Menschen. Daher wurde theoretisch errechnet, dass es noch ein weiteres Teilchen geben müsse, das den anderen Teilchen Masse anhaftet. Das Higgs-Teilchen wurde nach langer Suche 2012 nachgewiesen.

Diese fünfundzwanzig Teilchen bilden zusammen mit der Allgemeinen Relativitätstheorie von Einstein das Standardmodell der Teilchenphysik, das in der Lage ist, alle Vorgänge in der materiellen Welt zu berechnen. Leider versagen die Formeln beim Auftreten von Singularitäten, einzelnen einmaligen Ereignissen wir dem Urknall, weil die Lösungsmöglichkeiten für diese Fälle ins Unendliche anwachsen. Um diese Probleme zu heilen, schlugen die Mathematiker Ergänzungen der Formeln vor, die wie bei der so genannten String-Theorie zur Auflösung der allerkleinsten Teilchen zu substanzlosen Energiefäden und zur Annahme von zusätzlichen Dimensionen führen. Andere Theorien arbeiten mit der Annahme von Paralleluniversen.

Du siehst hier schon einige der grundsätzlichen Schwierigkeiten, mit denen die Atomphysik zu kämpfen hat. Bei der Aussendung von Elektronen fand man heraus, dass sie an verschiedenen Punkten auf einer Platte auftreffen. Das Teilchen ist demnach kein fester Punkt, der sich präzise in Raum und Zeit befindet, sondern eher eine Art Welle aus Energiequanten. Wir können bei kleinsten Teilchen nie ihren genauen Ort angeben und beobachten, wir können nur eine gewisse Wahrscheinlichkeit ihres Auftretens feststellen. Auf der Grundlage dieser Unschärferelation entwickelte Werner Heisenberg die Quantenfeldmechanik, die erstaunlicherweise einige Phänomene im Universum genauer berechnet als die Allgemeine Relativitätstheorie. Auf der anderen Seite versagt die Quantenmechanik bei der Erklärung eines der erstaunlichsten und merkwürdigsten Phänomene des Universums: der Gravitation. Die Anziehungskraft von Massen tritt erst oberhalb der atomaren Ebene auf. Sie wirkt durch den leeren Raum hindurch selbst auf weite Entfernungen. Die Gravitation ist verantwortlich für die Bildung von Galaxien, von Sternen, von Planeten und von Schwarzen Löchern. Sie ist bestimmend für einen großen Teil der Geschichte und für die weitere Entwicklung des Universums. Die Umlaufbahnen der Planeten im Sonnensystem werden durch die Gravitation bewirkt, die Umlaufbahn des Mondes um die Erde, Ebbe und Flut und der Zusammenhalt der Erde selbst. Ohne die Gravitation würde die Erde auseinander fliegen, wir würden in den Weltraum entschweben, wir würden nicht einmal existieren. Selbst die Luft hält sich in der Atmosphäre der Erde nur durch die Gravitation. Wenn die Gravitation schwächer wäre, wäre das Universum nie entstanden, die gesamte Energie hätte sich im Kosmos verflüchtigt. Wäre die Anziehungskraft stärker, würde sie das Universum im Exrem zu einem Klumpen zusammenziehen und verdichten. Wieso besitzt die Gravitation genau diese Stärke, die dieses Universum und unser Leben ermöglichte?

Die Physiker vermuten, dass es eine Weltformel gibt, in der alle Kräfte zu einer einzigen Kraft verschmelzen, die alles erklärt und die Grundlage für sämtliche Vorgänge in der Vergangenheit, der Gegenwart und der Zukunft ist. Diese Weltformel muss es also von Anfang an gegeben haben. Deshalb richten die Wissenschaftler ihre Aufmerksamkeit auf die Erforschung der Entstehung und der Entwicklung des Universums. Mit diesem Gebiet beschäftigt sich die Astrophysik, deren Erkenntnisse zu einigen weiteren Rätseln führten. Relativ sicher sind sich die Wissenschaftler, dass sich das Universum in alle Richtungen ausdehnt, dass die Materie relativ gleichmäßig im ganzen Universum verteilt ist und dass sich das Universum abkühlt. Rechnet man die Entwicklung vom derzeitigen Zustand aus zurück, ergibt sich, dass das Universum vor 13,8 Milliarden Jahren durch eine gigantische Explosion, dem so genannten Urknall, entstanden ist. Zunächst dehnte sich das Universum in Millisekunden zu einer astronomischen Größe aus, kurz darauf bildete sich ein Plasma aus unendlichen vielen Atomteilchen, von denen sich Elektronen und Protonen zu ersten Wasserstoffatomen zusammensetzten. Es folgte ein „Dunkels Zeitalter", über das man noch nicht viel weiß, bevor das Weltall durch die Bildung von Riesensternen hell wurde. Erst viele Millionen Jahre danach kam es zur Entstehung von Planeten und Galaxien.

Galaxien kreisen um einen Mittelpunkt, der aus einem so genannten „Schwarzen Loch" besteht. Diese entstanden aus schwächer gewordenen Sternen, die ihre, von der Kernfusion durch die Abgabe von Energie hervorgebrachte Ausdehnung nicht mehr halten konnten und unter dem Einfluss der Gravitation zu einem Punkt von unendlicher Dichte zusammengezogen wurden. Aus diesen Schwarzen Löchern kann nichts mehr entkommen, nicht einmal das Licht. Zunächst dachte man, dass ein Schwarzes Loch die aufgesaugte Materie vernichtet, aber das würde dem Energieerhaltungssatz widersprechen. Heute weiß man, dass auch die Schwarzen Löcher Energie in Form von Strahlung abgeben. Die Existenz Schwarzer Löcher befeuerte die Vorstellung, dass sich am Ende die gesamte Materie des Universums durch die Gravitation wieder zu einem unendlichen kleinen Punkt zusammenziehen und im Nichts verschwinden oder in Form eines neuen Urknalls wiedergeboren werden könnte. Andere Forscher glauben, dass sich das Universum bei der weiteren Ausdehnung immer weiter abkühlt und am Ende erstarrt, um im kalten Zustand für ewig zu verharren.

Ein weiteres großes Rätsel ergibt sich aus der Beobachtung der Geschwindigkeit, mit der sich Sterne um das Zentrum einer Galaxie drehen. Nach dem Gravitationsgesetz müssten sich die Sterne normalerweise langsamer drehen, je weiter sie vom Zentrum entfernt sind. Tatsächlich drehen sie sich jedoch schneller als erwartet. Die Kosmologen gehen deshalb davon aus, dass es mehr Materie geben muss als wir sehen können. Die „Dunkle Materie", für die es bisher keinen wissenschaftlichen Nachweis gibt, soll 26,8 % des gegenwärtigen Universums ausmachen.

Das dritte große Rätsel ergibt sich aus der Beobachtung der Geschwindigkeit, mit der sich das Universum ausdehnt. Diese Ausdehnung müsste aufgrund der Gravitation mit der Zeit immer langsamer werden. Bei den Messungen wurde jedoch festgestellt, dass die Expansionsgeschwindigkeit zunimmt. Das lässt sich nur dadurch erklären, dass im Universum mehr Energie vorhanden ist als berechnet wurde. Die „Dunkle Energie", die ebenfalls noch nicht nachgewiesen wurde, hat einen Anteil von 68,3 %, während in der gesamten sichtbaren Materie des Universums nur 4,9 % gebunden sind.

Das vierte große Rätsel ist die Existenz des Universums selbst. Eigentlich dürfte es dieses Universum nicht geben, weil sich Materie und Antimaterie sofort nach dem Urknall gegenseitig ausgelöscht haben müssten. Aus irgendeinem unbekannten Grund blieb bei der gegenseitigen Vernichtung von positiv und negativ geladenen Teilchen ein winzig kleiner Teil an Materie übrig, aus dem unser Universum entstanden ist. Ohne den Bruch der Symmetrie von Materie und Antimaterie gäbe es nicht einmal das Nichts.

Das Wunder der Existenz unseres Universums und unserer eigenen Existenz wird uns erst richtig bewusst, wenn wir uns die Erkenntnis vor Augen halten, dass nach dem Urknall die Bildung ganz anderer Universen möglich gewesen wäre, in denen kein Leben entstehen könnte. Wären die Elementarkräfte nur minimal schwächer oder stärker gewesen, hätten sich ganz andere Welten gebildet, die aufgrund ihrer Instabilität wieder zusammengefallen wären. Möglicherweise ist unser Universum das zufällige Ergebnis aus hunderten oder Millionen von vorausgegangenen Versuchen.

Diese grobe Überblick über die Erkenntnisse und Probleme der Teilchenphysik und der Kosmologie spricht dagegen, dass es jemals möglich sein wird, eine Theorie zu finden, auf die sich alle Gesetzmäßigkeiten zurückführen lassen und die erklären kann, warum die Welt entstanden ist, wenn das Sein dann überhaupt entstanden ist und nicht schon immer in irgendeiner Form da war. Es dürfte den Wissenschaftlern schwer fallen, die Unmöglichkeit einzusehen, obwohl die Gründe auf der Hand liegen. Die Besonderheit des Forschungsobjekts ist mit den vorhandenen Methoden, dem herkömmlichen experimentellen Nachweis und der Entwicklung von Theorien nicht zu erfassen. Die bis heute kleinsten bekannten Teilchen im Standardmodell der Atomphysik existieren nur bei einer sehr hohen Energiedichte. Abgesehen von der Unmöglichkeit, noch kleinere Teilchen überhaupt beobachten zu können, müsste letztlich die gesamte Energie des Universums aufgewendet werden, um solche Teilchen, wie sie möglicherweise kurz nach dem Urknall existiert haben, experimentell zu erzeugen. Dieses Experiment könnte nur ein einziges Mal durchgeführt werden, weil es die Verdichtung und Vernichtung des gesamten Kosmos voraussetzen würde. Die wichtigste Frage: „Gibt es kleinste, unteilbare Teilchen, aus denen die ganze Welt aufgebaut ist?", kann auf experimentelle Weise nicht beantwortet werden. Es scheint vielmehr, dass dieses kleinste Teilchen völlig substanzlos ist und sich im Nichts auflöst.

Der zweite Weg, die Bildung von Theorien auf der Grundlage von mathematischen Gleichungen, stößt ebenfalls auf zwei Grenzen. Eine mathematische Formel ist beliebig erweiterbar. Die Gleichung $a = b + c$

stimmt für $9 = 3 + 6$. Wenn man die Variablen durch konkrete Werte ersetzt, die man durch Messungen festgestellt hat, bei denen a=9, b=3 und c=5 ist, stimmt die Formel wieder wenn man sie ergänzt zu a = b + c + 1. Jede mathematische Gleichung ist abstrakt, inhaltsleer und damit nutzlos, solange sie nicht mit konkreten Angaben gefüllt wird. Problematisch, unlösbar oder tautologisch werden die Gleichungen bei den Werten Null und Unendlich.

Die Atomphysik und die Kosmologie sind nicht die einzigen Bereiche, bei denen unsere Forschungen immer dann in eine Sackgasse geraten, wenn wir die Objekte unter die Lupe nehmen und versuchen, die Phänomene durch deren Bestandteile zu erklären. Komplexe Systeme, die aus einer großen Anzahl von Elementen bestehen, finden wir überall in unserer Lebenswelt: das Wetter, die Bewegungen von Vogel- und Fischschwärmen, Organismen wie unseren Körper, die Vorgänge in unserem Gehirn, politische und historische Ereignisse, das Ökosystem Erde. Die Tatsache, dass man die Eigenschaften, Strukturen und Verhaltensweisen von komplexen Systemen nicht auf die Eigenschaften der einzelnen Teile zurückführen kann, nennt man das Emergenz-Problem. Das Ganze ist mehr und anders als die Summe der Teile. Das bedeutet, dass es Bereiche in der Welt gibt, die ihre eigenen Strukturen und Gesetze besitzen. Man spricht oft von der „spontanen" Selbstorganisation, genau genommen weiß man jedoch wenig darüber, wie und warum sich bestimmte Ordnungen bilden.

Müssen wir die Suche nach dem Ursprung des Universums und nach einer grundlegenden physikalischen

Gesetzmäßigkeit, die durchgängig für alle Bereiche und alle Ereignisse gilt aufgeben? Nein, natürlich nicht, denn es ist nicht unwahrscheinlich, dass der menschliche Geist in Kenntnis all der Schwierigkeiten und der offenen Fragen intuitiv eine Lösung finden wird. Dabei kann es hilfreich sein, zu den ursprünglichen Fragen zurück zu kehren.

1. Was ist das Gemeinsame aller Bereiche?
2. Woraus besteht die Welt? und
3. Wie oder warum ist das Universum entstanden?

Zwei grundlegende Prozesse treffen wir in allen Bereichen der Welt an: Anziehung und Abstoßung. Diese sind verantwortlich für alle Bewegungs- und Veränderungsvorgänge, die zu zwei ebenso grundlegenden Phänomenen führen, der Verschmelzung von Elementen durch Anziehung und der Teilung von Elementen durch Abstoßung. Die Physiker kennen diese Vorgänge als Kernfusion und Kernspaltung. Die Biologen beobachten die Vereinigung von weiblichen und männlichen Zellen und das anschließende Wachstum von Körpern durch die Teilung von Zellen. In der Geschichte treffen wir auf Bündnisse und Vereinigungsprozesse und gleichzeitig auf Auseinandersetzungen und Kriege. Das Handeln von uns als Menschen wird zu einem großen Teil durch Liebe und Hass bestimmt. Wir gehen Freundschaften mit Menschen ein, die uns sympathisch sind, und das führt nicht selten zu körperlichen Vereinigungen, gleichzeitig meiden wir Menschen, die uns abstoßen. Wir gehen ihnen aus dem Weg, empfinden sie als Bedrohung. Manchmal versuchen wir sogar, sie aktiv zu bekämpfen und zu beseitigen.

Alle Vorgänge von Anziehung und Abstoßung vollziehen sich in Räumen eines Gesamtraumes. Alle diese Teilbereiche, die sich durch unterschiedliche Ordnungen, Strukturen und Eigenschaften auszeichnen beeinflussen sich gegenseitig, ebenso wie den Gesamtraum, der seinerseits auf die Teilräume einwirkt, ihnen Grenzen setzt oder Spielräume gibt. Man kann die gesamte Physik, d.h. alle Vorgänge in diesem Universum als Raumordnungsprobleme und Raumordnungslösungen verstehen. Dabei gilt: Je kleiner der Raum und je größer die Anzahl der im Raum befindlichen positiven und negativen Elemente/Teilchen, desto stärker dehnt sich der Raum aus. Dabei ergeben sich verschiedene Verteilungsordnungen, die mehr oder weniger stabil sind und jeweils besondere Eigenschaften aufweisen. Die wohl bekanntesten Ordnungen sind unser Sonnensystem, das Wasserstoffatom und symmetrische Formen. Bei allen Ordnungen geht es darum, für alle Elemente/Teilchen die Abstände zu finden, bei denen sich die anziehenden und abstoßenden Kräfte in einem Gleichgewicht befinden.

Die möglichen Ordnungen sind abhängig vom Energieniveau eines Systems. Ein gutes Beispiel dafür liefert der Wechsel der Aggregatzustände von Wasser, das bei niedrigen Temperaturen zu Eis gefriert, dessen Kristalle so fest sind, dass wir im Winter auf einem zugefrorenen See Schlittschuh laufen können. Bei höheren Temperaturen geht Wasser in einen gasförmigen Zustand über. Auf der nächsten Stufe würden sich die Elemente Wasserstoff und Sauerstoff trennen, die sich auf einem noch höheren Energieniveau zu Neutronen, Protonen und Elektronen aufspalten. Soweit wir heute wissen, besteht die Geschichte des Universums ebenfalls aus einer Folge von Phasen, in denen es sich in bestimmten Raum- und Energiezuständen befand. Vorsichtig formuliert können wir also zwei Grenzpunkte des Universums erkennen: den Zustand von maximaler Energie bei minimalem Raum und den Zustand von maximalem Raum bei minimaler Energie.

Aber warum gibt es Zustandsänderungen, warum gibt es Entwicklung und Bewegung? Wenn die bisherigen Annahmen richtig sind, sind diese Fragen identisch mit der Frage: warum gibt es abstoßende und anziehende Kräfte?

Eine erste Antwort darauf finden wir in der Erklärung, die uns Platon im „Symposium" für die durch Eros vermittelte Anziehungskraft zwischen den Menschen gibt. Der Mensch bestand demnach ursprünglich aus einer Einheit, die vom Göttervater Zeus in zwei Teile gespalten wurde. Beide Teile würden seitdem danach streben, diese ursprüngliche Einheit wieder herzustellen. Der geteilte Mensch fühle sich unvollständig und unglücklich, daher sei er auf der Suche nach seinem zu ihm passenden Gegenstück. Um neben der Liebe zwischen Mann und Frau auch die Liebe zwischen Männern und die Liebe zwischen Frauen zu erklären, nimmt Platon an, dass der ursprüngliche Mensch in den Formen des männlichen, des weiblichen und des androgynen Geschlechts existierte.

Behalten wir den Kern dieser Geschichte im Hinterkopf. Eine Einheit zerbrach oder wurde geteilt, und die Teile streben zur Wiederherstellung der Einheit. Potentiell waren in der Einheit schon verschiedene, eventuell gegensätzliche Teile angelegt. Doch warum sollte die ursprüngliche Einheit geteilt werden oder zerbrechen? Wenn wir nicht auf ein göttliches, absichtsvoll handelndes Wesen wie Zeus zurückgreifen wollen, weil wir sonst dessen Existenz erklären müssten, können wir keine greifbare Ursache erkennen. Wenn wir an bestimmten Stellen nicht weiterkommen, müssen wir die Möglichkeit in Betracht ziehen, dass etwas an unseren Grundannahmen oder den mit unseren Begriffen verbundenen Vorstellungen nicht stimmt. Im Moment dreht sich alles darum, eine Ursache für die Existenz der Welt und alle Vorgänge in der Welt zu finden. Doch was stellen wir uns unter einer „Ursache" vor?

Als Ursachen kommen für Aristoteles die Materie (causa materialis), die Form (causa formalis), der Zweck (causa finalis) und der Antrieb (causa efficiens) in Frage. Zur Erklärung aller Vorgänge wurden von den Naturwissenschaften nur die Materie und der Antrieb zugelassen. Das mechanistische Weltbild, bei dem bewegte Körper aneinander stoßen, prägt bis heute unsere Vorstellungen. Dabei sind alle Vorgänge das Ergebnis eines gesetzmäßigen Zusammenhangs von Masse und Energie (Bewegung, Antrieb). Die Körper besitzen einen zu jeder Zeit feststellbaren Ort, und die Bewegung lässt sich anhand der Veränderung des Ortes der Körper feststellen. Physikalische Ereignisse geschehen ohne vorgegebene Ziele oder vorgegebene Formen. Diese werden vom Menschen in das Geschehen nachträglich hinein interpretiert, weil der Mensch mit seinem Willen bestimmte Ziele verfolgt, die einem Zweck dienen und von Vorstellungen geleitet werden. So dient der Bau eines Hauses dem Zweck, einen Schutz vor Regen, Sonne, Wind und Kälte zu erreichten. Dazu entwickeln wir einen Bauplan aufgrund einer Vorstellung von der Form dieses Hauses. Für die Frage nach der Entstehung des Universums ist keine dieser vier Ursachen verwendbar, denn vorher kann es nur das Nichts gegeben haben. Wenn es vor der Entstehung schon Materie, Energie, ein Wesen mit Vorstellungen, Zielen und Handlungskompetenz gegeben hätte, würde sich die Frage einfach nur auf einer anderen Ebene wiederholen. Bei einem anderen Universum vor unserer Zeit, d.h. vor dem Urknall könnten wir überhaupt nichts über dessen Beschaffenheit aussagen.

So bleibt die Entstehung des Seins das letzte große Geheimnis der Natur, ein unlösbares Rätsel. Alle weiteren Überlegungen und Lösungsvorschläge lassen sich wissenschaftlich nicht bestätigen, sie sind reine Spekulation, für die höchstens logische Schlussfolgerungen sprechen.

Ein zentraler Begriff, auf den wir immer wieder stoßen ist das Nichts. Dieses Wort bezeichnet etwas, das wir nicht begreifen können, weil dieses Etwas nicht existiert. Diesen Begriff gib es nur als Negation des Seins. Dem Nichts steht das räumlich und zeitlich unendliche Sein gegenüber, das in Form eines minimalsten Energiequants gegeben sein kann, aber auch als ein ganzes Universum. Ohne das Sein gäbe es das Nichts nicht. Das Sein und das Nichts bilden eine Einheit als Begriffspaar, die denkbar stärkste Form des Gegensatzes, eines spannungsgeladenen Widerspruchs. Keine Seite kann gewinnen, ohne sich selbst gleichzeitig mit zu zerstören. Diese Grundkonstellation bildet z.B. das Gerüst der überaus erfolgreichen und spannenden Harry-Potter-Romane von J.K Rowling, in denen Voldemort als des personifizierte Böse und Harry Potter als das personifizierte Gute ewig miteinander ringen.

Da es das Nichts nicht geben kann ohne das Sein, besteht das Sein aufgrund einer logischen Notwendigkeit. Das klingt verrückt, denn die Logik ist ein abstraktes System von Regeln, die sich auf Aussagen beziehen, daher keine Verbindung zum materiellen Sein besitzen. Eine Ontologie auf der Basis der Logik kann es nicht geben, zumindest solange, wie man an den herkömmlichen Vorstellungen von Ursachen festhält.

Was spricht für die Idee der logischen Notwendigkeit als einer fünften Ursache, was spricht dagegen? Wenn das Nichts als Teil des Seins eine ontologische Realität und Wirksamkeit besitzen würde, ließe sich erklären, warum weder die dunkle Materie noch die dunkle Energie empirisch nachgewiesen werden konnte, warum die atomaren Teilchen auf höherem Energieniveau an Substanz abnehmen und sich dem Nichts annähern. Mit dem Nichts als negativer Kraft und dem Sein als positiver Kraft baut sich das Universum auf zwei Grundprinzipien auf, die einerseits Kontraktion und Verschmelzungsprozesse, wie z.B. die Bildung von Schwarzen Löchern oder die Gravitation in Gang setzen, andererseits Teilungs- und Expansionsprozesse. Materielle Strukturen bilden sich als Ordnungen, in denen sich die zwei entgegen gesetzten Kräfte in einem Raumsegment die Waage halten.

Der stärkste Einwand gegen diese Theorie kommt von den Logikern selbst. Seit Lukrez, der zur Zeit von

Cicero im Römischen Reich lebte, gilt das genetische Prinzip „nullam rem e nihilo gigni divinitus umquam", dass kein Ding aus nichts entsteht (De rerum Natura I 150). Diese Aussage überzeugt uns sofort, denn weil das Nichts nichts ist, kann etwas wie das materielle Sein nicht daraus hervorgehen. Diese Schlussfolgerung ist formal sicher richtig, solange man den Begriff des Nichts genau so definiert, ohne zu beachten, dass das Nichts als ein an das Sein gekoppelter Begriff, der nur durch die Negation des Seins zustande kommt, ein Teil einer das Sein und das Nichts umfassenden höheren Einheit sein könnte.

Der zweite zentrale Begriff, auf den wir in allen Bereichen des Universums und unseres Daseins stoßen, ist der der Energie, von der wir wissen, dass sie in verschiedenen Formen vorliegt, die sich ineinander umwandeln können und dass sie nach dem Energieerhaltungssatz in geschlossenen Systemen immer gleich bleibt.

Das ganze Universum besteht nicht aus kleinsten, unteilbaren Atomen, sondern aus Energie in Form von Strahlung, Wärme, Elektrizität, potentieller, kinetischer und chemischer Energie. Nach der berühmten von Albert Einstein formulierten Formel $E = mc^2$ sind in einem ruhenden System die Masse (m) und die Energie (E) äquivalent. Das ist der Fall, wenn die Lichtgeschwindigkeit den Wert 1 annimmt. Wenn dann die Masse den Wert 10 hätte, würde die Energie ebenfalls den Wert 10 besitzen, bei einer unendlichen Masse wäre die Energie ebenfalls unendlich. Die Masse ist nun zusätzlich mit der Geschwindigkeit des Lichts verknüpft. Das bedeutet, dass ein Teil der Energie in

Form von Masse gebunden ist und ein anderer Teil in Form von Bewegung. Weder die Masse noch die Geschwindigkeit dürfen den Wert 0 annehmen, weil dann das System keine Energie besäße, also auch nicht existieren würde.

Aus der Formel der speziellen Relativitätstheorie ergeben sich vier grundlegende Konsequenzen:
1. Damit ein System existieren kann müssen von vornherein sowohl die Masse als auch die Geschwindigkeit einen Wert größer als 0 besitzen.
2. Da die Geschwindigkeit grundsätzlich ein Bestandteil / eine Komponente des Systems ist, gib es keinen Ruhezustand, sondern beständige Veränderung.
Daraus ergibt sich
3. als weitere Konsequenz, dass die Masse Raum einnehmen muss, ohne den mit der Geschwindigkeit verbundene Veränderungen nicht stattfinden können.
4. Wenn die Menge der Energie immer konstant bleibt, kann es nur Verschiebungen in den Werten von Masse und Geschwindigkeiten geben, ohne dass die Energie jemals vollständig in Form von Masse oder in Form von Geschwindigkeit vorliegen kann.

Es stellen sich nun zwei Fragen:
1. Was ist denn nun eigentlich die Energie? und
2. Warum besteht sie aus zwei Komponenten, die aneinander gekoppelt sind?

Es wäre denkbar, dass das Sein nur aus einer einzigen, unveränderlichen Masse gegeben ist. Ein statisches Etwas wäre ausreichend für das Vorhandensein des Seins. Warum gibt es in unserem Universum Veränderungen, ständigen Wandel, Werden und Vergehen,

Geburt und Tod? Das wäre doch eigentlich gar nicht notwendig. Oder doch?

Ich vermute, dass mit dem Sein gleichzeitig das Nichts in die Welt gekommen ist oder umgekehrt, und dass sich aus diesem denkbar schärfsten Gegensatz eine unendlich große Spannung aufgebaut hat, die die Energie unseres Universums bildet.

Kein Physiker wundert sich darüber, dass sich die Vorgänge in dieser Welt mathematisch erfassen lassen. Dabei ist diese Koinzidenz eine erstaunliche Tatsache, die nicht auf einem Zufall beruhen kann. Die strukturelle Gleichheit von Mathematik und der realen Welt beginnt mit den Zahlen 0, 1 und -1, der Symmetrie von positiven und negativen Zahlen, den möglichen Operatoren der Addition, Subtraktion, Multiplikation und Division und dem Übergang in die Geometrie, durch die Räume und Dimensionen geschaffen werden.

Der einzige Unterschied zwischen der Mathematik und der realen Welt liegt in der vollkommenen Symmetrie der Mathematik im Gegensatz zur realen Welt, die sich von Beginn an durch einen minimalen Symmetriebruch auszeichnet. Sonst hätten sich Materie und Antimaterie gegenseitig ausgelöscht wie +1 und -1. Die Weltformel müsste also nicht auf der herkömmlichen Mathematik, sondern auf einer Ungleichgewichtsmathematik beruhen.

Wenn wir davon ausgehen, dass am Anfang eine (fehlerhafte) Ursprungsteilung stand, aus der ein negativer und ein positiver Bereich hervorgingen, die beide potentiell unendlich sind und sich daher durch weitere Teilungen ausdehnen und bis zu einem gewissen Grad auslöschen – ein Prozess, der vermutlich noch im Gange ist – wird für den Rest ein spannungsgeladener Gegensatz bestehen bleiben, der Veränderungen und Bewegungen antreibt und bei dem sich zeitweise ein Teil dieser Energie in Raumordnungsstrukturen als Materie manifestiert, bei der sich die gegensätzlichen Kräfte in einem Gleichgewicht oder einer spannungsarmen Anordnung befinden.

Bisher hat man die Gesamtenergie des Universums räumlich verortet. Nach der Teilungstheorie ist die Zeit von ebenso großer Bedeutung. Demnach könnte ein Teil der Energie in der Vergangenheit gebunden sein und über eine zeitliche Fernwirkung das gegenwärtige und zukünftige Geschehen beeinflussen, ähnlich wie die Fernwirkung der Gravitation. So ließen sich morphogenetische Phänomene wie das Nachwachsen abgetrennter Körperteile, die Wiederholung früherer Formen und die schnellere Aneignung von neuem Wissen oder neuen Verfahren an anderen Orten ohne das Bestehen einer direkten Verbindung erklären. Die zeitliche Fernwirkung böte auch eine Erklärung für eine mögliche Nachwirkung der heute nicht mehr existierenden Wimps-Teilchen. Der Gesamtraum und die Gesamtzeit bilden eine Einheit, die der Gesamtenergie des Universums entspricht.

Charline, ich weiß wie schwer es dir gefallen ist, die letzten Seiten zu lesen und zu verstehen. Physik, Mathematik und Chemie bedeuten dir nichts, weil man davon im praktischen Leben nichts braucht. Wozu soll man sich mit der unbelebten Natur, mit Atomen, mit Steinen und Sternen beschäftigen? Weil wir nur so den großen Zusammenhang aller Dinge erkennen können, ohne den wir blind durchs Leben laufen. Ohne die Kenntnis und die Einsicht in die Beschaffenheit der Welt können wir uns selbst nicht verstehen. Wir kennen weder unsere Möglichkeiten noch unsere Grenzen. Nichts von dem, was wir erleben, können wir wirklich erklären. Alle unsere Handlungen bleiben orientierungslos.

Dabei dürfte dir bei den vorausgegangenen Ausführungen zur Physik vielleicht aufgefallen sein, dass es eine erstaunliche Übereinstimmung zwischen den physikalisch- kosmologischen Vorgängen und den Vorgängen in unserer Lebenswelt gibt. Die Grundprinzipien bestimmen die unbelebte Natur genauso wie die belebte Natur, die Welt der Pflanzen, Tiere und Menschen. Das erkennen wir zum Beispiel an den Auswirkungen von Sympathie und Antipathie, von Anziehung und Abstoßung auf die Beziehungen der Menschen, ebenso wie an allen Erscheinungen, die mit dem Raum zusammenhängen, angefangen beim Revierverhalten von Tieren und Menschen bis zur Raumaneignung durch Wanderung und kriegerische Eroberungen.

Wandel und Beständigkeit sind die beiden Pole der Menschheitsgeschichte. Überall und immer wieder entstanden und entstehen Reiche mit Gesellschaftsordnungen, die darauf abzielen, sich selbst bis in alle Ewigkeit zu erhalten, indem sie ihre Mitglieder zu einer Einheit verschmelzen. Die Mittel dazu umfassen 1. eine autokratische Herrschaftsform mit einem einzelnen Führer an der Spitze, 2. eine Ideologie oder eine Religion, 3. eine hierarchische Struktur mit funktionaler Aufgabenzuweisung 4. die Bindung der Mitglieder durch große Projekte und 5. die Aussonderung und Bekämpfung aller Störungen. Geradezu exemplarisch finden sich alle diese Elemente während des Versuchs der Nationalsozialisten, ein „tausendjähriges Reich" aufzubauen mit Hitler als Führer, einer Rassenideologie, der Gleichschaltung und Unterordnung aller Institutionen, der Beschäftigung der Menschen zunächst durch den Autobahnbau, später durch den Eroberungskrieg und die Vernichtungsmaschinerie der Konzentrationslager. Das entgegen gesetzte Konzept der Demokratie versucht die Beständigkeit durch die Anpassung der Regeln an sich laufend verändernde Umstände zu erlangen, kann aber das Gefühl von Einheit und Sicherheit, das auch heute die Menschen in die Arme von rechten Populisten, Sekten und religiösen Terrororganisationen treibt, nicht ausreichend befriedigen.

„Amor fati – ergeben wir uns in unser Schicksal, denn wir können ja anscheinend eh nichts machen, wenn die Grundbedingungen des Seins, zu denen die Spaltung in zwei gegensätzliche Kräfte gehört, bis in alle Ewigkeit fortbestehen werden. Als einzelne Person können wir erst recht nichts ausrichten." - Das ist die Haltung von mutlosen Mitläufern, die kein Rückrat besitzen. Das ist die Haltung von Menschen, die grenzenlos egoistisch denken und handeln. Das ist die Haltung von Hedonisten und Süchtigen, die ihre kurze Lebensspanne dazu nutzen wollen, so intensiv wie möglich zu leben und deshalb alle Möglichkeiten des Lust – oder Machtgewinns ausschöpfen. Ihre Gier nach Siegen, nach Reichtum, Einfluss, Ehre, Sex und Genussmittel aller Art bestimmt ihren Charakter. Im Grunde haben sie aber nichts als Angst. Glücklich werden sie auf diese Weise nicht.

„Orbis creatum - gestalten wir die Welt. Sorgen wir dafür, dass die negativen Kräfte niemals die Oberhand gewinnen. Das was ist, muss nicht so sein. Jeder von uns kann ein Harry Potter oder eine Greta Thunberg sein. Suchen wir uns Verbündete, seien wir Vorbild und Kämpfer für Frieden, Gerechtigkeit, die Menschenrechte und den Schutz des Planeten Erde mit all seinen einmaligen, vielfältigen Naturerscheinungen." – Das ist die andere Haltung.

Die Verbindung zur Natur ist bei den Menschen in den Großstädten verloren gegangen. Sollten sie einmal ihren Blick auf den nächtlichen Himmel richten, sehen sie keine Sterne. Die bleiben hinter einem Schleier aus Abgasen und urbanem Licht verborgen. Ich glaube, wenn wir jede Nacht diese unendliche, von funkelnden Sternen durchzogene Dunkelheit erleben könnten, würden wir uns im Bewusstsein der kosmischen Dimension unseres Daseins wieder als Teil der Natur empfinden, die wir nicht bekämpfen, beherrschen und ausbeuten müssen. Wenn wir so weitermachen wie bisher und gegen die Natur handeln wird sie sich rächen. In fünfhundert Jahren – vielleicht auch früher – wird der Mensch von dieser Erde verschwunden sein oder als Neandertaler sein Leben fristen, während Ameisen, Spinnen und Kakerlaken die Welt bevölkern.

Große Aufgaben liegen vor der Menschheit. Noch gilt dein Hauptinteresse dem Reitsport. Doch wenn ich einen Wunsch äußern darf, so hoffe ich, dass du die Möglichkeiten wahrnimmst, die für jeden einzelnen von uns bestehen, um diesen Planeten zu retten und der Menschheit eine Zukunft zu geben. Es ist lobenswert und vorbildlich Zahnbürsten aus Holz zu benutzen oder sich vegan zu ernähren, doch die entscheidenden Weichenstellungen werden von der Politik vorgenommen. Die Gestaltung der Lebensbedingungen auf dieser Erde ist nicht nur die Aufgabe von einigen Berufspolitikern, sie geht uns alle an und fordert unser Engagement. Am Ende deines Lebens wirst du nur dann zufrieden und glücklich sein, wenn du einen Beitrag für das Gute, Wahre und Schöne geleistet hast. Die Intelligenz und die Fähigkeiten dazu hast du.

Mit einem Gedicht von Friedrich Schiller aus dem Jahre 1797 möchte ich diese Briefe beschließen.

Hoffnung

Es reden und träumen die Menschen viel
Von besseren künftigen Tagen.
Nach einem glücklichen goldenen Ziel
Sieht man sie rennen und jagen.
Die Welt wird alt und wird wieder jung,
Doch der Mensch hofft immer Verbesserung!

Die Hoffnung führt ihn ins Leben ein,
Sie umflattert den fröhlichen Knaben,
Den Jüngling locket ihr Zauberschein,
Sie wird mit dem Greis nicht begraben,
Denn beschließt er im Grabe den müden Lauf,
Noch am Grabe pflanzt er – die Hoffnung auf.

Es ist kein leerer schmeichelnder Wahn,
Erzeugt im Gehirne des Toren,
Im Herzen kündet es laut sich an,
Zu was Besserem sind wir geboren!
Und was die innere Stimme spricht,
Das täuscht die hoffende Seele nicht.

Thorsten Kunde

Geboren am 10.3.1962 in Hamburg

Abitur, Lehre als Baum- und Rosenschulgärtner

Zivildienst von 1983 – 1985

Studium Philosophie und Geschichte
an der Universität Hamburg

Leiter einer Jugendeinrichtung
des VFJ in Hamburg-Mümmelmannsberg

lebt in Hamburg
und Demen/Mecklenburg-Vorpommern

Bisher veröffentlichte Werke:

Lebenswege - eine Erzählung
ISBN 978-3-8495-2475-3

Der Hibiscus blüht - Kurzgeschichten
ISBN 978-3-8495-2498-2

**Mut zur Leidenschaft -
Politische und pädagogische Schriften**
ISBN 978-3–8495-4392-1

**Physikalische Geschichtstheorie -
Grundlagen für eine Einheitswissenschaft**
ISBN 978-3-8495-2494-4